ドリブルで抜き去る！　シュートを決める！

バスケットボール
魔法の1on1レッスン

考えるバスケットの会 会長
中川直之

エクシア出版

はじめに

僕の経験から、やはりバスケットの基本は「1on1」だと強く思います。

1on1がうまくいけばバスケットがより楽しくなり、自信がつき、もっとうまくなろうと頑張れます。

プレイヤーとしての成長の好循環は、

「練習した技でキレイに相手を出し抜けた！」

「ドリブルでかわしてスコアが取れた！！」

「相手のブロックをかわしてシュートを決めた！」

「自分には勝負できる技がある！」

など、1on1の成功体験から始まると考えています。


ですから1on1スキルをたくさん練習し、磨いていって欲しいと思いますし、そのた

めに作ったのが本書です。

緩急や、間合いの駆け引き、相手を欺く対人テクニックなど、多くのプレイヤーが知りたかった駆け引きのポイントを言語化し、写真でポイントを補完し、レッスン動画に飛ぶ形で、学びが強化されるように構成しました。

かゆいところに手が届く、渾身の１on１テクニックを集約した自信の1冊です。

もしもあなたにスピードやサイズ、ジャンプ力がなくても、スキルを磨き、考えてプレーすることで得点につなげる方法があります。それが私の実戦感覚から逆算して導き出した「なぜこうするのか」という答えです。

本書の１on１テクニックの習得に、ぜひチャレンジしてください！

考えるバスケットの会

中川直之

5つのポイント

1on1Tips 1
間合い

DFFとの距離（間合い）でこちらの攻め方が変わります。基本的には「押せるようなら押す」「DFFが下がれば打つ」「詰めてきたらカウンター」の3つです。また自分が主導権を握ってDFFに守らせることも大切です。

1on1Tips 2
シンプルThinking

難しく考えないことも重要です。「ドリブルをたくさん突きすぎない」「ギャップやすき間、物理的なズレや意識のズレを作る」「ボールをもらいながら仕掛ける」。このようにシンプルに考え、突破する糸口を見つけましょう。

1on1で大事な

本書は1on1で使える対人テクニックをまとめていますが、どのプレーにも共通するポイントがあります。なかなかよいプレーに結びつけられないときは、一度ここで紹介する5つのポイントを確認してみましょう。

1on1Tips 3

強気で削る

DFFに対して半身ズレていれば、チャージングにならないので、どんどん相手を削っていきましょう。攻める気持ちを強く持っていると、相手に脅威を与えることができますし、向かっていくことで膝元をえぐるような鋭いアタックができます。

1on1Tips 4

抜けなくてもOK

抜けなくてもOK、ファウル貰えばOK（確率も50%以下だから）。1on1は5on5の一部です。すべてを1on1で解決しようとせず、「行けたら行く」「止められたらパス」「（自分に意識を）集めて（ボールを）散らす」「引きつけて味方にパス」など、チームにとってチャンスメイクできることを一番に考えましょう。

1on1Tips 5

1つ武器を持つ

テクニックやプレーで何か1つ、「自分の武器だ！」と思える技を持ちましょう。その技を磨きながら自信を強め、「この技は誰にも負けない」という自負が持てるぐらいまで練習しましょう。

バスケットボール

はじめは「できる」「できない」は、気にしなくて大丈夫です。何度も反復して練習していくことで、必ずできるようになります。そしてできるようになってきたら、「考えること」を加速させ、どんどんレベルアップしていきましょう。ここでは「考え方のヒント」を紹介します。

考える1

「何のため？」という目的から考える

私は指導者に恵まれました。しかし「うまくなる」ことについて、完全に指導者頼みというのはいかがなものでしょうか？　私が常に考えていたのは、図のように「何のため？」という目的から考えることです。そうすれば「何をしたらよいのか」が自ずと見えてきます。

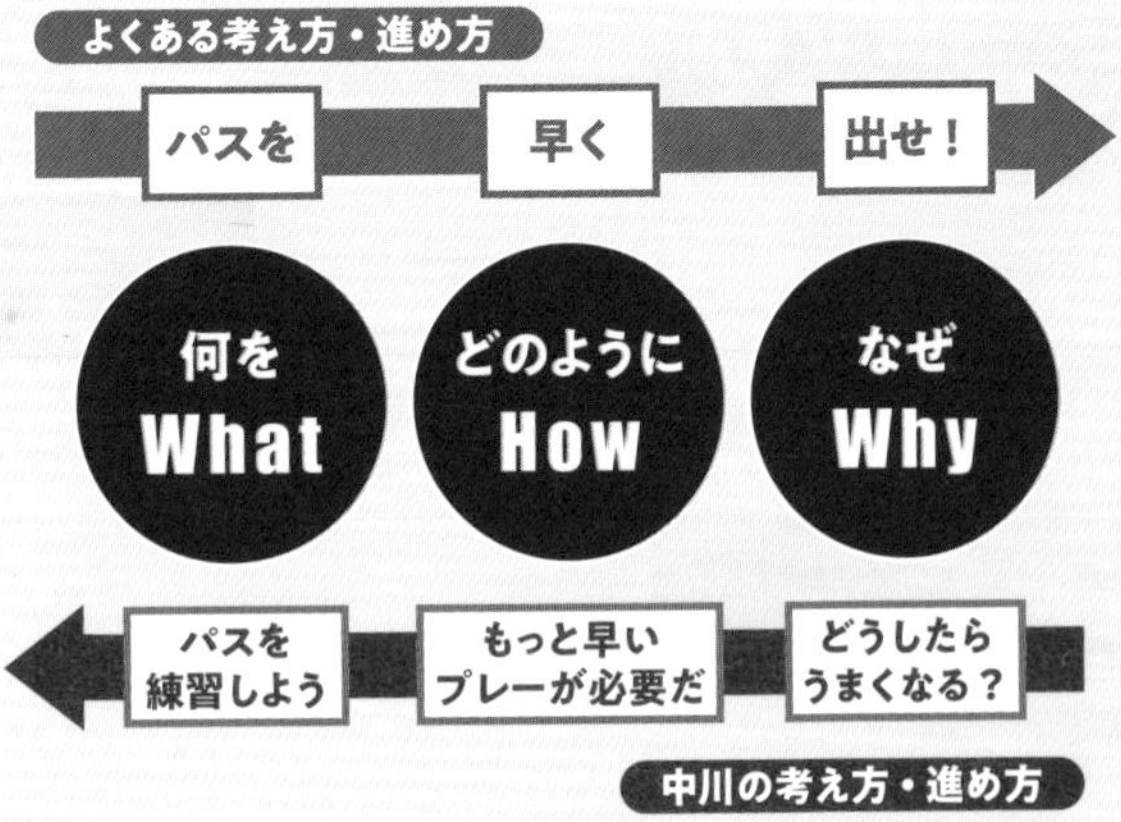

よくある考え方・進め方
パスを
早く
出せ！
何を
What
どのように
How
なぜ
Why
パスを練習しよう
もっと早いプレーが必要だ
どうしたらうまくなる？
中川の考え方・進め方

考える2

意識を集めて散らす

私は自分のバスケットを「集めて散らすスポーツ」と言ったりします。これは相手ディフェンスの意識を自分に集めてボールを散らせば、味方はイージーに攻撃が展開できることを意味しています。意識を英語でFocus（フォーカス）といいますが、「攻めるフリ」や「守られたフリ」をして相手の意識を集めること。そういった人に対するアプローチを考えることで、より良いプレーが発想できます。

考えてうまくなる

考える3

バスケットボールはマジックと同じ!?

身長やスピード、ジャンプ力、シュート力……。どれもが普通な私は、バスケットボール=マジック(手品)で他の選手との違いを作るしかありませんでした。平たく言うと「コートでは相手を騙してなんぼ、人を喰ってなんぼ」ということです。「目線のフェイク」や「身体の向きのフェイク」、「エネルギーの向きのフェイク」などと組み合わせながらアシストを成り立たせていました。

考える4

Vision=「視野」を広く持つ

視野が広い選手は、人よりも先に状況を描けたり、最適なプレーが選択できたり、ディフェンスの一瞬の隙をつけます。これはプレイヤーとしてかなり大事な資質だと思います。では、どのようにしたら視野が広くなるかですが、「経験」によるものです。私は過去にコートで起こった経験を踏まえて、「こうすればここが空く!」のようなパターンを丸暗記しています。とにかく実践のチャレンジをすること！　そうすれば視野が養われていきます。

考える5

いろいろなパスを持つ・出す

私がパスで意識してきたのは、なるべく早く出すことです。そのためには、どんな状況でも出せるパスのバリエーションを持つことが大切だと考えました。「右手でも左手でも同じように」「横向きでも出せる」「後ろ向きでも出せる」など、自分がどこでボールを扱っていても、スムーズにパス動作に移れるように意識してきました。パスのバリエーションを持っていると、プレーの幅や選手としての幅が広がります!

本書の見方／使い方

プレーのポイントを写真と文章で紹介しています。

このページで紹介するテクニックや考え方です。

目的のプレーをするためのポイントを解説しています。

動画のQRコードです。動画の見方は左ページで詳しく説明します。

やってしまいがちなプレーやポイントを紹介しています。

プレーの考え方やアレンジの仕方、応用テクニックなどを紹介しています。

このページで紹介している動きやプレーの目的、注意点などを解説しています。

動画の見方

STEP 1

カメラを起動

スマートフォンやタブレットのカメラを起動します。または、バーコードリーダー機能のアプリを立ち上げます。

STEP 2

QRコードを読み取るモードにする

「読み取りカメラ」など、QRコードを読み取れるモードにします。機種によっては自動で読み取りモードになるものもあります。

STEP 3

QRコードを写す、かざす

画面にQRコードが表示されるように合わせます。その状態で少し待ちましょう。

STEP 4

表示されたURLをタップ

動画のアドレスが表示されたらタップします。すると動画がはじまります。

注意点 CAUTION

①動画を観るときは別途通信料がかかります。Wi-Fi環境下で動画を観ることをおすすめします。

②機種ごとの操作方法や設定に関してのご質問には対応しかねます。ご了承ください。

③動画の著作権は中川直之に属します。個人ではご利用いただけますが、再配布や販売、営利目的の利用はお断りします。

ドリブルで抜き去る！ シュートを決める！

バスケットボール 魔法の1on1レッスン

CONTENTS

はじめに ― 2
1on1で大事な5つのポイント ― 4
考えてうまくなるバスケットボール ― 6
本書の見方／使い方 ― 8
動画の見方 ― 9

PART 1 相手を出し抜く 1on1ムーブ

2ステップの基本的なドリブルムーブ ― 14
ステップバックを入れた2ステップのドリブルムーブ ― 16
回転を入れてDFFを出し抜くロールターン ― 18
前に突き出すロールターン ― 20
時間差を入れてレッグスルー ― 22
ワイドクロスオーバーからDFFを出し抜く ― 24
初速で相手を出し抜くナッシュムーブ ― 26
DFFに背を向けて仕掛けるペイトンムーブ ― 28
シュートフェイクを使ったヘジテーション ― 30
DFFの意識を集めて切り返すプッシュクロス ― 32
瞬時にリズムを2ビートに変える ― 34
3ビートで相手をフリーズさせて抜く ― 36
離れてから一気にアタックを仕掛けるフットレース ― 38
ステップとボールの向きを瞬間的にずらすクロスジャブ ― 40
COLUMN 1 型とカタチにこだわる！ 1on1ムーブを磨く方法 ― 42

PART 2 シュートフィニッシュ

ＤＦＦを飛ばせてシュートを放つポンプフェイク 44
いろいろなパターンのレイアップを繰り出す 46
ＤＦＦのタイミングをずらすグーフィーステップ 48
サイズの大きなＤＦＦにも止められないフローターシュート 50
一気にレーンを変えるユーロステップ 52
ブロックショットをかわして放てるティアドロップシュート 54
パスフェイクから開いたレーンをドライブ 56
競り合いから止まって放つプルアップジャンパー 58
圧をかけて後退させてから引き戻してシュート 60
ビハインドバックからステップバックでシュート 62
実戦的なステップバックからのジャンプシュート 64
さらにＤＦＦと距離を取るステップバック 66
COLUMN 2 選手たちはクリエイティブなプレーを求めている!? 68

PART 3 場所・状況に応じた１ｏｎ１の仕掛け方

３つの選択肢を持って仕掛けるロードステップ 70
フリーフットを使った駆け引きのジャブステップ 72
ドロップステップを使ったポストプレーでの駆け引き 74
上半身で相手を混乱させるボディシェイク 76
ハーフターンからフェードしてシュート 78
ＤＦＦとの位置関係にずれを作る 80
身長が大きい選手には一度下がってスピード勝負 82
身長で勝れば押し込んでシュート 84
相手のファウル数を把握し強気に攻める 86
ホップしてずれを作り１ｏｎ１でボールを運ぶ 88
パスとドリブルの２つの選択肢を持った攻め方 90
COLUMN 3 コンプレックスは力になる！ 92

PART 4 対人感覚

止まることでＤＦＦへの情報を遮断する 94
強気な姿勢でＤＦＦを削り自分のエリアを確保する 96
瞬時に加速するプレジャンプ 98
シュートへジテーションからカウンター 100
身体のアウトラインをピタッと止めて仕掛ける 102
ＤＦＦの出した手の上にボールを通してアタック 104
プレーをしながら作り出すトリプルスレット 106
ＤＦＦの考えごとを増やして優位に攻める 108
腕を伸ばしてボールを前に出すことで加速する 110
下がって間合いを作り出してカウンター 112
もう1歩強気で押し込むフィジカルプレー 114
可動域を広げて筋温を上げるボールストレッチ 116
爆発力を引き出す柔軟性を鍛えるボールストレッチ 118

PART 5 ボールのもらい方

ＤＦＦが届かない空間にターゲットハンドを出す 122
素早く動いてもらうミート 124
瞬時にレーンを大きくずらしてミート 128
ＤＦＦの強気な守りを逆手に取ってロールターン 130
ＤＦＦの強気な守りに対して後ろへ飛んで抜き去る 132

COLUMN 4

嘘のない称賛 134

巻末特集 10万人の悩みを解決したQ&A

1on1で仕掛けても潰されてしまう 136
引いて守る相手のディフェンスラインを突破できない 138
ドリブルを止められてしまう 140
おわりに 142

PART 1

「相手を出し抜く1on1ムーブ」

2ステップの基本的なドリブルムーブ

動画はこちらから

POINT 左右に大きく揺さぶる

ステップしながら左右に大きく動きます。ボールの位置を大きく動かしてDFFをしっかりと揺さぶることが大切です。

左右への揺さぶりからアタックを仕掛ける

2歩のステップを使ったスタンダードなドリブルムーブで、肩を柔らかく使い、瞬間的に動きを切り替えてDFFを抜き去ります。

DFFはこちらとリングを結んだ一直線上（レーン）に立ってコースを阻もうとしてきます。その動きに対して左右に大きく動いて揺さぶり、DFFのリアクションを見てどう攻めるかを考えます。

自分が引いてからDFFを揺さぶっておいて前にアタックします。

CHECK DFFの反応を見て仕掛ける方向を決める

DFFが反応してこなければ真横をついてアタックを仕掛け、反応してきたらその逆を突いてアタックを仕掛けます。

DFFがあまり反応しない場合

反応が薄ければDFFの真横の、できるだけ近くを突いて抜く

左右に大きく動いてDFFを揺さぶる

DFFが反応してくる場合

その場合は逆をついてクロスオーバーのムーブで抜く

DFFがこちらの動きに反応してくる

Nakagawa's Advice

シンプルだからこそ有効なテクニック

このムーブはシンプルですが、かなり効果的なため、多くのプロ選手も使っています。日々の練習で動きをブラッシュアップし、実戦に取り入れましょう。

02 2ステップ

ステップバックを入れた2ステップのドリブルムーブ

動画はこちらから

POINT 下がって間合いを取る

ステップバックをし、ミドルレンジの外まで下がる

後ろに下がってDFFとの間合いを作る

14ページの2ステップムーブの進化版です。DFFと対峙したらステップバックを入れて後退し、DFFとの間合いを作ります。そこから2ステップを入れてDFFにアタックします。

DFFからすると、この間合いは、「何をしてくるか読めない」というとても嫌なものです。その状況を自ら作り出して動きの主導権を握り、反応を見ながらドライブを仕掛けていきます。

DFFに急接近して向きを変える

CHECK

間合いを取ったらDFFに対して斜めに2ステップを入れ、いきなり近づく感じで急接近します。DFFの反応が鈍ければ思い切り削ってドライブを仕掛け、反応があればクロスオーバーで仕掛けます。

DFFがあまり反応しない場合

2ステップを斜めに入れて相手に急接近する

思い切り削ってドライブを仕掛ける

DFFが反応してくる場合

2ステップを斜めに入れて相手に急接近する

クロスオーバーで逆方向に鋭くアタックを仕掛ける

Nakagawa's Advice

1つの技を磨けば伝家の宝刀になる

NBAのスーパースター、レブロン・ジェームズはほぼこの動きだけでアタックを仕掛けています。1つの技を磨けば、それで相手が嫌がる1対1ができるようになるという、よいお手本ですね。

03 ロールターン

動画はこちらから

回転を入れてDFFを出し抜く ロールターン

オフハンドでDFFを押さえる

ボールを持っていないほうのオフハンドで相手をしっかりと押さえてからロールターンを仕掛けます

素早く首を回す

回転中は一瞬死角ができるため、周辺が見えなくなります。すぐに首を回すことで早く周辺を見られるようになります

相手と密着するほど効果を発揮する

ロールターンは、目の前のDFFに対してくるっと回転してかわし、シュートに持っていくというドリブルムーブの一種です。このムーブは相手にしっかりと密着して行うことが大事なポイントで、相手から離れてしまうと効果を発揮しません。

DFFに対してずっと背中を向けることも避けましょう。リング周辺にいる味方の状況が把握できず、チャンスを逃すことになるからです。

CHECK

DFFとの間合いを詰める

例えばDFFが少し下がっている状況でロールターンを仕掛けた場合、離れている分、動きが丸見えのため効果を発揮しません。しっかりとDFFに近づき、身体を合わせるようにしてロールターンを仕掛けましょう。

DFFに密着しオフハンドで押さえる

素早く首を回しながら身体を回転させる

そのままシュートに持っていく

ボールを守ることに躍起になりすぎてDFFにずっと背中を向けてしまう

Nakagawa's Advice

仕掛ける場所とタイミングを考える

ロールターンはどこで使うかが大切なポイントです。「1対1を仕掛けていって、コースに入ってきたらロールターン」のように使うポイントを事前に考えておき、実践してみましょう。

動画はこちらから

前に突き出すロールターン

NGではないが…

**ボールを持ち替えて
ロールターン**

右手でドリブルしてから左手に持ち替えて回転をすると、ボールを持ち替える間に動きを予測されやすくなります

ボールを持ち替えないことでスピードが上がる

選手たちを見ていて意外と多いのが、ロールターンでボールを持ち替えていることです。右手でドリブルを突き、左手に持ち替えてからロールターンを仕掛けるのです。決してＮＧではありませんが、ボールを持ち替える分だけ時間がかかり、ＤＦＦに動きを予測する間を与えてしまうことがあります。

右側の肩甲骨を動かせる（外旋させられる）と片手でロールターンができますので、ぜひ習得しましょう。

CHECK ボールを落とす場所を変化させる

ロールターンをしてからボールを落とす場所には、「❶回転し終えた後」や「❷DFFの前」、「❸DFFを完全にかいくぐったところ」などがあります（下のPOINT）。どこに落とすかでその後の動きが変わります。

ボールを持ち替えずにDFFに密着し、オフハンドで押さえる

肩甲骨を外旋させて素早く回転する

瞬間的に出し抜いてシュートに持ち込む

ボールを突く位置とその後の動き

❶〜❸は上のCheckの文に対応している。❸が最も素早く相手を抜け、❶はそこから切り換えもできる。❷はそこからジャンプシュートも狙える

Nakagawa's Advice

ボールを落とす位置で変化を作れる

自分が得意なロールターンだけをしていたら、DFFに動きを読まれやすくなります。ボールを突く位置や回転の角度などを意図的に変化させ、いろいろなプレーにつなげることを、日頃から練習しておきましょう。

05 レッグスルー

時間差を入れて
レッグスルー

動画はこちらから

POINT ヒザ裏をホックする

オフハンドでヒザ裏をホックして相手をいなし、
よりDFFとのギャップを作ります

身体のアウトラインを動かさずにアタック

普通にレッグスルーをすると見せて少しタイムラグを作って動きます。ＤＦＦとしては、「レッグスルーで来るのかな？」、「来ないのかな」、「あっ来た」という反応になり、思わず対応が遅れてしまうという結果を生みます。

身体のアウトライン、つまり頭から肩のラインが不用意に動くことなく、スッとＤＦＦの横に入っていくため、ＤＦＦは予測ができないのです。つまり予備動作が少ないということで、これが１ｏｎ１ではかなり重要になります。

CHECK 予備動作を使い分ける

14ページの2ステップなどは、大きな動きで相手を揺さぶってからアタックを仕掛けましたが、このレッグスルーでは動きを見せずにいきなり仕掛けます。こうした動きの使い分けは、試合でも非常に有効です。

身体のアウトライン（特に頭と肩）を動かさずにレッグスルー

頭と肩がほとんど動かないことに注目

右手にボールが渡ってもアウトラインが動かない

そこから一気に加速してDFFを抜き去る

Nakagawa's Advice

普通のレッグスルーとは少し動きが異なる

普通のレッグスルーでは、ボールを通しながら身体も動きます。しかし時間差レッグスルーでは、ボールが足の間を通って反対の手についた瞬間はまだ仕掛けず、身体はそのまま動いていません。この動きによってDFFを翻弄できます。

06 ムーブ

ワイドクロスオーバーからDFFを出し抜く

動画はこちらから

POINT 全身で攻める動きを作る

攻めの姿勢を作り出す際には、「BBE」（身体（Body）・ボール（Ball）・目線（Eye）の3つ）が大切です。この3つを攻めたい方向に向けることで、DFFにとって「本気でこっちに攻めてくる」と思わせることができます

相手が想定した枠から一瞬ではみ出る

DFFを横に大きく揺さぶっておいてから出し抜いていくムーブになります。DFFはこちらの身体の幅を見ていて、フロントチェンジをしたら、「このくらいの幅で揺さぶってくるな」と考えます。それを逆手にとって、「このくらいの幅だよ」と見せておき、はみ出すように動きを見せて切り返してシュートに持ち込みます。相手が想定している枠からはみ出るため、「ピクチャーフレーム（額縁からはみ出る）」と呼んでいます。

CHECK 肩を柔らかく使う

ピクチャーフレームからはみ出るほど動くためには、肩を柔らかく使って大きく動くことが重要です。肩を柔らかく使うことで曲線的な動きを作り出すようにしましょう。

DFFの想定内の幅で左右に動く

肩を柔らかく使ってDFFの想定を超える幅に動く

DFFが少し遅れてこちらの動きに反応する

切り返して一気に抜き去りシュートを狙う

Nakagawa's Advice

野球の変化球のイメージ

肩があまり動いていないと直線的な、野球でいうストレートのような動きになります。それに対してこの動きは肩を柔らかく使った曲線的なもので、野球でいうとカーブのように横に変化して違うリズムを作り出せます。

初速で相手を出し抜くナッシュムーブ

動画はこちらから

POINT ナッシュムーブとは

DFFに身体の側面を向けた状態からホップをし、骨盤を90度回転させてリング方向に向けてアタックします。緩い動きに見せておいて一気に仕掛け、相手の虚を突きます。

ホップから骨盤を回転させ一気に加速する

ナッシュとは元NBAのPG、スティーブ・ナッシュのことで、彼がこの動きを多用していたことからナッシュムーブと呼んでいます。非常に独特なステップですので、イメージがつきにくければ一度動画をご覧いただいてからお読みください。

動きとしてはホップをしてから骨盤を90度回転させ、リングに正対します。その流れから初速でDFFを出し抜いてシュートに持っていくといった使い方をします。緩急をつけることが重要です。

DFFに近い脚でジャンプする

CHECK

ナッシュムーブでは、DFFに近いほうの脚でジャンプをし、後ろ脚、前脚の順に着地をします。そして一気に加速して相手を抜き去ります。

ナッシュムーブからのアタック

ホップして骨盤を90度回転させる

そこから一気に加速してDFFを抜き去りシュートに持っていく

ナッシュムーブを習得するブラジリアンスキップ

骨盤をひねりながら行うスキップ動作。ナッシュムーブの習得に最適

骨盤をひねりながら左脚を前に持ってくる

左脚で地面を踏み蹴る

骨盤をひねりながら右脚を前に持ってくる。この動きを繰り返す

08　ムーブ

DFFに背を向けて仕掛ける ペイトンムーブ

動画はこちらから

POINT シフトドリブルでずらして落とす

右で突いているボールを真下ではなく、180度ずらしてボールを落とします。また相手から見えないところでボールを突きます。そうすることでDFFとのずれができ、抜きやすくなります

ホップから骨盤を回転させる

ゲイリー・ペイトン選手が使っていたムーブで、DFFに背中を向けてからシフトドリブルで仕掛けます。背中を向けられたDFFは情報が遮断され、「何を狙っている？」と予測が立てづらくなります。

シフトドリブルは、時計に例えると3時から9時の方向にボールを持っていきます。真下ではなくずらしてボールを落とし、背中を向ける瞬間と組み合わせて一気に相手を出し抜きます。

DFFが予測を立てづらい状態から抜き去る

CHECK

DFFはこちらがお腹を向けていることで予測が立てやすくなります。そこでいったん背中を向けることでこちらの情報を遮断し、ずらしてシフトドリブルを突くことで予測を立てづらい状況から抜いていきます。

DFFに向かってドリブルで攻める

背中を向けて情報を遮断する

相手からボールを隠してシフトドリブルをし、ボールをずらして突く

一気に加速してDFFを抜き去り、シュートに持っていく

Nakagawa's Advice

攻めの姿勢を見せないこと

このプレーでは、「攻めるぞ！」という気持ちを出さずに、さらっと相手の懐に入っていきます。24ページで紹介したBBEをミドルライン側に向けた状態や味方に指示を出すフリをし、DFFと密着してアクションを起こすと効果的です。

09 ムーブ

シュートフェイクを使ったヘジテーション

動画はこちらから

POINT シュートフェイクでは頭をスッと上げる

シュートを打つときには、スウィープ&スウェイ（頭が後ろに下がる「スウィープ」と脚が前に出る「スウェイ」を合わせた動き）という動きをしていて、胸が開いて一直線になります。シュートヘジテーションのときにスッと頭を上げると、DFFは「打つのかな」と連想しやすくなります

ここでは説明のためにボールを持っています

自分のシュートの形をできるだけ再現する

ヘジテーションを直訳すると「躊躇する」という意味で、シュートフェイクによって相手の腰を浮かせ、出し抜いていくテクニックです。

フェイクの精度を高めるためにはこれまでに紹介した「BBE」を、シュートを打つときの感じに近づけることが大切になります。普段のシュートの形から瞬時にドリブルに移行できれば、それだけDFFの虚を突ける確率が高くなります。

CHECK 「本当に打つぞ！」と見せる

シュートを本当に打つように見せかけるとDFFの腰が一瞬浮きます。そこから懐をえぐっていくかのようにアタックを仕掛けます。そうすることで、キレのあるヘジテーションムーブが完成します。

1

BBEを使ってリングを見据える

2

スッと頭を上げてシュートの体勢に近づける

3

DFFの腰が浮いた瞬間にアタックを仕掛ける

Nakagawa's Advice

ボールを持つギリギリのところまでオフハンドを近づける

いくらシュートフェイクといっても、実際にボールを持ってしまうとダブルドリブルになってしまいます。ドリブルをしながら右ページの写真のように、ボールを持つギリギリのところまでオフハンドを近づけましょう。

10 ムーブ

DFFの意識を集めて切り返す
プッシュクロス

動画はこちらから

POINT プレジャンプを入れてクロス

サッカーのGKや野球の内野手が素早く動くときに使っているステップです。動き出しの1歩目に小さなジャンプ入れることで、その後のクイックな動きにつなげられます

チョンという感じで飛ぶ

身体の方向やジェスチャーをフル活用して意識を向けさせる

プッシュクロスという技を紹介します。目の前のDFFに対して右側にドリブルを突き、DFFの意識が向いた後に逆へ切り返してアタックを仕掛けます。

ポイントになるのは、どれだけこちらの動きにDFFの意識を向けられるかです。「BBE」の向きや味方に対する指示やジェスチャーを入れることが大切です。意識を別の方向に向けさせておいて、シフトドリブルを使って身体を絞りながら逆方向へ切り返します。

CHECK エネルギーを向ける方向にDFFを誘い出す

繰り返しになりますがDFFとの駆け引きでは、「BBE」が重要なポイントです。この動きでDFFの意識を別の方向に向けさせ、プレジャンプを使ったクイックな動きで切り返し、DFFを出し抜きます。

1

BBEや味方へのジェスチャーを使ってDFFの意識を他に向ける

2

プレジャンプを入れて着地し、ボールをシフトさせる

3

一瞬で加速して抜き去り、レイアップを狙う

Nakagawa's Advice

初速を引き出すプレジャンプ

普段のアタックでは両脚が前後しますが、プッシュクロスを始動するときのプレジャンプでは、一度両脚が揃います。両脚を揃えることで、左右や前後、どの方向にも動ける姿勢と一瞬の加速を引き出せます。

瞬時にリズムを2ビートに変える

動画はこちらから

POINT 一気にリズムを変える

大きなドリブルを見せておいて、一気にクイックに変えます。手先だけで突くのではなく、微妙に身体もシェイクさせます

瞬時にリズムをクイックに変えて出し抜く

２ビートの素早い動きでDFFを出し抜くテクニックです。

DFFはこちらのリズムや動きの量、体重の乗り具合を見て動きを予測し、守っています。それを逆手に取り、今までDFFに見せていた右へ左へのビート（リズム）を、瞬間的にクイックに変えて出し抜きます。より相手の虚を突くためには、単調なドリブルなどをして、「コースに入られて手こずっている」と見せることも大切です。

CHECK

DFFの直前でリズムを変える

大きくゆっくり突いていたドリブルを、DFFの直前でクイックに変化させます。BBEが揃う時間が一瞬できれば、DFFに反応させて出し抜くことができます。

大きくゆっくり突いてDFFに近づく

DFFの直前でリズムを変える

クイックにボールを突く

相手を振り切ってシュートを狙う

Nakagawa's Advice

緩急をつけてDFFを出し抜く

この2ビートのようにドリブルを緩やかに見せておいて速めたり、大きく突いておいて小さくしたりすることで、相手を出し抜けます。緩急を使ったアタックはとても有効ですので、ぜひ実戦でも使っていきましょう。

12 リズム

3ビートで相手をフリーズさせて抜く

動画はこちらから

POINT インアウトインの3ビート

相手の間合いに入ったところでインサイドアウト（イン）、クロスオーバー（アウト）と動き、最後は固まった脚のほう（イン）にカウンターアタックを仕掛けます

前に出ている脚の動きを完全に止める

ここでは3ビートのリズムでDFFを出し抜く1on1ムーブを紹介します。

バスケットの神様であるマイケル・ジョーダンが、「1対1の時は前に出ている脚側を突くと守ることが困難になる」と言っています。この言葉通りDFFに対して、フロントチェンジと見せるような動きからイン、アウト、インという3つのクイックビートを瞬時に繰り出すことで、DFFが前に出している脚を完全にフリーズさせます。

CHECK 出ている脚のほうにアタック

DFFの構えは少し半身で、どちらかの脚を前に出したり、身体を傾けて方向づけをしています。その前脚の前でクイックなビートを複合的に組み合わせてきれいに出し抜きます。

DFFの前脚のほうへ攻める

クイックなビートに切り替えてインへ

そこからアウトにボールを動かす

最後はインに突いてDFFを出し抜く

Nakagawa's Advice

相手の思考と動きをフリーズさせる

DFFはこちらの動きを予測して守りたいのですが、間合いに入ったところで瞬間的に動くことでDFFの脚が固まるような一瞬の隙を作ることができます。

13

ムーブ

離れてから一気にアタックを仕掛けるフットレース

動画はこちらから

POINT 一度下がって隙を作らせる

ワンアームで間合いを詰めてくるDFFに対して、そのままでは攻めあぐねてしまいます。そこで一度下がることで、相手の隙を作ります

離れて相手が諦めたところに隙が生まれる

1on1で優位に仕掛ける間合いの駆け引きです。DFFはワンアームで間合いを詰めて守ります。一見すると相手に優位性があるのですが、下がることで相手に詰められて狭くなった距離感を広げるため、優位性を変えられます。それが一度下がる動きです。DFFは下がった相手にずっと詰めてくるのではなく、どこかで諦めます。するとそこに隙ができ、こちらが優位性を持って仕掛けることができます。

CHECK トップスピードでアタックを仕掛ける

下がって隙ができたら、左右に交わすのではなく、DFFに向かってトップスピードでアタックを仕掛けます。頭突きをするような勢いで真っすぐ突っ込み、左右どちらかから相手を抜き去ります。

一度下がって相手に隙を作らせる

隙が生まれたらトップスピードで仕掛ける

相手に突っ込むつもりで真っすぐに向かう

最小限の動きで左右どちらかを抜き去る

Nakagawa's Advice

駆けっこの勢いで優位性を作る

トップスピードで真っすぐに突っ込むと、DFFはこちらの意図が読めません。つまりこちらに優位性が生まれます。間合いを詰められて苦しいときは、ぜひこのムーブにトライしてみてください。

14 ステップとボールの向きを瞬間的にずらすクロスジャブ

動画はこちらから

POINT ステップとボールの向きを瞬間的に別方向にする

ドリブルを突いて右手から左手にチェンジするときに、ステップとボールの向きを瞬間的に別方向にします。そうすることでDFFが一瞬、こちらの動きが読めない状態になります。そこでキックしてボール方向に行くことも、逆方向を攻めることもできます

DFFに動きを読ませないでアタックを仕掛けられる

クロスジャブは、NBAのスーパースター、カイリ・アービングが行うトリックムーブです。

通常はアタックを仕掛けると、ボールと身体が同じ方向に一緒に動きます。DFFはこの動きを予測しているのです。ところがこのムーブがトリッキーなところは、ステップとボールが別の方向に瞬間的に向きを変えることです。

瞬間的なアンマッチ状態を作ることでDFFは混乱し、優位にアタックできる状況になります。

CHECK 複雑なムーブは分解練習で習得

このクロスジャブをは、慣れないうちは難しく感じます。そこでまずはクロスジャブを構成している「ボールハンドリング」と「ステップ」を別々に練習し、その後ミックスしてやってみましょう。

ボールと逆にジャンプ

切り返したボールと逆にジャンプする

片脚で踏ん張ってグッと力を溜める

力を溜めた状態からサイドキック

外側の脚にグッと力を溜める

床を踏み蹴ってサイドに飛ぶ。一連の動きを確認していく

Nakagawa's Advice

徐々に動きをクイックにする

上で紹介した分解練習の動きができたら、徐々にスピードを上げてやってみましょう。よりクイックにできれば、完全なクロスジャブになります。あとは積極的に練習や試合で使っていきましょう。

COLUMN

1

型とカタチにこだわる！1on1ムーブを磨く方法

「1on1ムーブをもっとカッコよくしたい……」。

大学生の頃にそう思い、夜、廃墟ビルの空き地に向かいました。

そこには窓ガラスがあり、自分の姿が反射して映るからです。


「自分を客観視して動きを磨く！」

そう考えて自分の動きを逐一チェックし、1on1ムーブを修正していきました。


脳裏に焼きつけていたNBAのコービー・ブライアントやアレン・アイバーソン、ジェイソン・ウィリアムス、ストリートボーラーなどの動きやフォルムにこだわり、少しでも近づくために。


やはりプロやうまい選手は動きが洗練され、理にかなったムダのない動きをしています。

そこには絶対に理由があり、やり方があるはずです。基礎も大事にしているはずです。


大学時代の夜な夜なの自主練で、実際に動きがスムーズになり、プレーにも良い影響が出ました。

この練習の発端は、「動きがどこかぎこちない」、「淀みなくプレーできていない」と思って自分を客観視したからだと思います。

思い返すと泥臭くも自分で考えてやりきった自主練は、その後の自分に大きなスキルアップをもたらしてくれました。


ぜひあなたも、自分を客観視して、ブラッシュアップにつなげてみてください。

PART 2

「シュートフィニッシュ」

DFFを飛ばせてシュートを放つ ポンプフェイク

動画はこちらから

POINT DFFに対して身体を閉じる

肩や腰周り、身体の側面でしっかりとボールを守り、相手から遠い位置でシュートを放ちます

12
DFFに対して
お腹を向けてしまうと、
ボールに触れる
危険がある

シュートを打つと見せかけて相手のタイミングをずらす

ここで紹介するポンプフェイクとは、「井戸から水をくみ上げるような動作」を意味し、シュートチェックに来るＤＦＦに対して仕掛けるフェイントです。ゴール下でシュートを打つと見せかけて打たずに、相手がタイミングをずらされて腰を浮かせたら、交わしてシュートを放ちます。

実戦ではこのポンプの動きを若干速くしています。そうすることでフェイクにかかる確率が高くなります。

ボールを速く動かす

CHECK

ポンプの動きを若干速くすることで、DFFの脳は一瞬の情報を処理できずについ飛んでしまいます。相手に考える隙を与えないように、ピタッと止まってすぐボールを上にくみ上げます。

1 リング下へアタックを仕掛ける

2 ピタッと止まり、ボールをくみ上げる

3 素早くくみ上げることでDFFは飛んでしまう

4 マークを外してシュートを放つ

Nakagawa's Advice

バスケットカウントも狙える

身体でボールを守りながらフェイクを入れてシュートを放つことで、相手にブロックされにくくなります。さらに身体を閉じる意識を持つことで、うまくいけばDFFとの接触によってバスケットカウントも狙えます。

動画はこちらから

いろいろなパターンのレイアップを繰り出す

POINT DFFをかいくぐって左手でシュート

トップスピードで仕掛け、左手でフィニッシュを狙います。このシュートを、DFFに「そのシュートか」と思わせておいて、左ページのバリエーションを展開します

1つのシュートを見せてから複数のバリエーションを展開

一度見たシュートに対して、ＤＦＦは動きを読んできます。その読みを逆手に取り、いろいろなシュートパターンを繰り出します。

ＤＦＦと競り合うときは両脚でストップし、ダメそうならパス、行けそうならステップをし、深いところでシュートを狙います。

また、ピタッと止まることと、シュートフェイクを入れるときには「ＢＢＥ」を意識することが大切です。目力をこめてフェイクを実践しましょう。

CHECK ピタッと止まることが重要

「きれいに止まる」ことは、バスケットでとても大切です。軸足やお尻の筋肉などを意識して、確実に止まれるようになりましょう。

フェイクからターンアラウンド

リング下にアタックを仕掛け、フェイクを入れる

ターンを入れて確実にシュートを決める

ターンアラウンドからインステップ

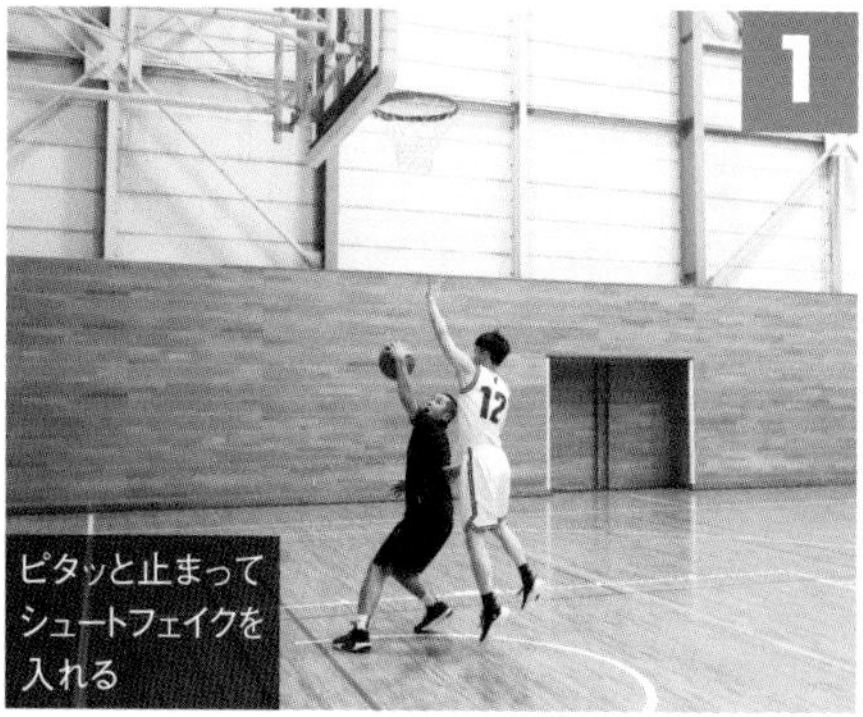
1
ピタッと止まってシュートフェイクを入れる

2
フェイクからターンアラウンド

3
さらにインステップをする

4
DFFを交わしたところでシュートを放つ

03 シュート

DFFのタイミングをずらす グーフィーステップ

動画はこちらから

グーフィーステップでのレイアップ

フィニッシュで右手と左脚が上がる

一般的なレイアップ

フィニッシュで右手と右脚が上がる

手と反対側の脚を上げて1ステップでシュート

シュートブロックのタイミングをずらしてシュートを放つ際に効果的な「グーフィーステップ」を紹介します。

一般的なレイアップは、フィニッシュで同じほうの手と脚が上がりますが、グーフィーステップは手と脚が逆になります。

この動きがなぜシュートブロックを交わすことにつながるかというと、1ステップになるため、ブロックを回避して早くボールをリリースすることができるからです。

CHECK

ボールを片手で扱い、ねじらずにシュートを放つ

レイアップを打つ際、できれば両手ではなく片手でボールを保持します。またねじりの動きを入れるとカットされるリスクがあるため、DFFがボールに届かないほうの手でボールを扱います。

ドリブルでボールを持ち込む

オフハンドでボールを守りながら1ステップでシュート

DFFがボールに届かないところでボールを扱う

シュート時にねじりを使うとDFFにカットされるリスクがある

Nakagawa's Advice

大きなDFFにも有効なテクニック

グーフィーステップはリング下で待ち構える大きなDFFに対しても有効です。1ステップでシュートを放つことで、ブロックを回避して早くシュートを放てます。

サイズの大きなDFFにも止められないフローターシュート

動画はこちらから

POINT 手首を返さない

ワンハンドシュートのようにボールをくみ上げたときに手首を動かし、最後はスナップという動きではなく、肘の上げ下げだけで距離や高さを調節して放ちます

DFFと間合いのあるところから山なりのシュート

DFFのブロックショットを立体的に交わして放つシュートが「フローターシュート」です。相手にブロックされる手前、間合いのあるところからハイアーチ（山なり）のシュートを放って決めるテクニックになります。

リング下に身長の高いDFFがいたとしても、ブロックショットに阻まれることなく、確実にシュートを決めることができます。フィニッシュの持ち球の1つとして、ぜひ実戦で使ってみてください。

CHECK 肘の上げ下げの感覚を大事に放つ

右ページの写真のようにフローターシュートのコツは、肘の上げ下げで放つことです。肘からくみ上げて得たパワーをうまく指先まで伝えるように、優しくアーチを作りましょう。

ドリブルでアタックを仕掛ける

ブロックショットが届かないところでシュート体勢に入る

肘を真っすぐに上げて手首を返さずにシュートを放つ

身長の高いDFFとマッチアップしてもフィニッシュが狙える

Nakagawa's Advice

数多く放って精度を上げる

フローターシュートは手首のディップやスナップを使わないため、高い精度で放つためには練習が必要です。肘から先の感覚を大事にしながら数をこなしましょう。

一気にレーンを変える ユーロステップ

動画はこちらから

POINT お尻の筋肉で横にキックする

意識するポイントは、しっかりとお尻の筋肉を使って横にキックすることです

ステップを踏んで レーンを変える

DFFは自分とリングを結んだレーンをふさぐように守ります。ユーロステップはステップを踏んでレーンを変え、リングに対してオープンなエリアからシュートを放つという動きです。横方向に大きく飛ぶことで一気にレーンを変えます。

　このようなステップワークを持っていることで、ペイントエリアでも積極的にシュートを放っていけるようになります。

CHECK 横に大きく飛ぶ

ユーロステップは、ステップでありながら横に大きく飛ぶような動きになります。大きく横に飛ぶことで、一気にレーンを変えることができます。

ゴールに向かってドリブルで仕掛ける

1歩目のステップで右脚に力を溜める

お尻の筋肉を使って2歩目のステップで一気にレーンを変える

そのままシュートを放つ

Nakagawa's Advice

DFFをステップワークでかわす

対峙したDFFに対して仕掛ける方法には、フェイクやムーブ、そしてステップがあります。1つの技を磨くことも大事ですが、同時にいろいろな動きができるように積極的に練習に取り組みましょう。

ブロックショットをかわして放てるティアドロップシュート

動画はこちらから

真上からリングに落ちてくるイメージ

こんな状況で使える

DFFの身長が高かったり、ジャンプ力があると、レイアップでは簡単に止められてしまいます。このような状況では、ティアドロップシュートが有効です

ボールを浮かせてハイアーチを描く

ブロックショットをかわすシュートの1つがティアドロップシュートです。レイアップが打てないような状況や相手に対して、ステップインしてボールを上に浮かせ、ハイアーチの軌道を描くシュートを放ちます。

DFFの長いリーチを立体的にかわし、ゴールに対して上から涙がこぼれ落ちるようにボールを落とします。サイズやジャンプ力がある相手に対して非常に有効です。

CHECK なるべく無回転で放つ

ティアドロップシュートは高い軌道を描くシュートです。できるだけ無回転で、ボールを優しくボードに置いていくような感覚で放ちます。

ゴールに向かってドリブルで仕掛ける

DFFのブロックショットが届かないところからシュートに行く

無回転でボールをボードに置くように優しくシュートを放つ

高い軌道を描くようにリリースする

Nakagawa's Advice

指先の微妙な感覚を磨く

はじめのうちは、優しくボールを放つときの指先の微妙な感覚がつかみにくいと思います。できるだけ高い軌道で無回転のボールを放てるよう、優しく置いてくるイメージで練習しましょう。

07

駆け引き

パスフェイクから開いたレーンをドライブ

動画はこちらから

そのままでは厚みをかけて止められる

こちらの仕掛けに対してDFFは当然シュートを防ぎに来るため、やみくもに突っ込むだけでは容易に止められてしまいます

味方へのパスを考えていると思わせる

ヘルプに来たDFFのボールチェックを回避する考え方の1つを紹介します。

こちらがペイントエリアに仕掛けていくと、DFFもシュートを狙っていることが分かるため、カバーをして厚みをかけてきます（上の写真）。そのままでは止められてしまうため、どうすればいいかというと、味方へのパスを考えていると思わせればいいのです。つまりパスフェイクを使っていきます。

キックアウトと見せてシュートを狙う

CHECK

このシチュエーションでは、DFFはキックアウト(引きつけてからのパス)も警戒しています。そこで味方へパスをするフェイクを入れてからシュートを狙います。

1 DFFはキックアウトも警戒している

2 味方へのパスフェイクを入れる

3 ヘルプのDFFがつられて動くとレーンが開く

4 開いたレーンをついてシュートを放つ

Nakagawa's Advice

横と縦のボールの運動に慣れる

この動きは慣れないとスムーズな動きになりません。「横にずらしたボールを引き込んでシュートに持っていく」という練習をたくさんしましょう。

08 駆け引き

競り合いから止まって放つ プルアップジャンパー

動画はこちらから

POINT 圧をかけてDFFを下がらせ急停止

DFFに対してプレッシャー（圧）をかけることで、相手が下がります。そのためにはトップギアで仕掛ける必要がありますが、そこから一瞬でピタッと止まることが求められます。

1歩目は
お尻の筋肉を
使ってブレーキ、
2歩目で上に
身体を持ち上げる

相手が競り合ってきたら一瞬で止まってシュート

1on1での駆け引きで使えるプルアップジャンパーというプレーです。ドリブルでアタックと見せて一瞬で止まり、ジャンプシュートを狙います。

DFFはアタックで割っていくと「抜かれたくない」と過剰に追ってくるため、それを逆手に取ってストップからシュートを狙います。「ドライブもできる」、「止まってシュートもできる」と複数の選択肢を持って仕掛けると、DFFは複数のことを考えます。

レイアップを狙うくらいの勢いでドライブを仕掛ける

CHECK

「抜けるならそのままレイアップに持ち込む」くらいの強気のドライブを仕掛けることで、相手はバックステップで後退します。そこからストップするのですが、この動きはサイドキックの練習で磨くことができます。

プルアップジャンパーの動き

2歩目を
素早く着くことで、
素早いジャンプが
できる
3

素早くシュートを放つ

2

右ページの動きで瞬時にストップする

1

強気のドライブを仕掛ける

サイドキックの練習が有効

3

この練習で臀部が強化され、トップスピードからストップ、上にシュートという動きがきれいにできる

2

横方向に向かってしっかりと床を蹴る

1

片脚でしっかりとバランスを取る

09 駆け引き

圧をかけて後退させてから引き戻してシュート

動画はこちらから

POINT 前への圧を見せる

上体が少し前傾することで、相手からすると飛び出してくる圧を感じます

アクションを仕掛けて相手を後退させる

このプレーも1on1での駆け引きです。

自分からアクションを仕掛けてDFFを後退させてギャップを作り、ジャンプシュートを放ちます。もし相手が詰めてきたらアタックもできます。このプレーのポイントは相手の重心を動かすこと。身体を前に飛び出すように動かして圧をかけます。相手が後退したら、脚を引いてジャンプシュートに行きます。

CHECK 瞬時に圧をかける

ドリブルを突いた状態からロードステップ（脚を割る動き）を入れ、フラットな状態から瞬時に圧をかけていきます。

相手にいろいろな選択肢を考えさせる

上体を前傾させて前に出る圧を作り出す

DFFが圧に警戒して後退したらシュート体勢に入る

ジャンプシュートを放つ

Nakagawa's Advice

シュートはクイックリリース

シュートはできるだけ素早く放ちます。相手がバランスを崩している間に、足をたたみながら引き戻してシュートに行きます。

10 ビハインドバックからステップバックでシュート

駆け引き

動画はこちらから

POINT ビハインドドリブルからステップバック

攻める姿勢を見せてからビハインドドリブルをし、左手にボールが渡る瞬間に1、2と後ろにステップバックします

自ら下がって安全なエリアからシュートを放つ

ディフェンス力があるチームと対峙したときによく使っていたプレーが、このビハインドドリブルからのジャンパーです。まずはこれまで紹介した１ｏｎ１の駆け引きと同様に攻める流れを見せておき、そこからビハインドでステップバックしてシュートを放ちます。

ＤＦＦがアタックに対して警戒しているときに、相手の虚を突くようにこの動きをするとシュートを打つギャップを作ることができます。

DFFがボールに触れない場所から距離を作ってシュート

CHECK

ビハインドドリブルからステップバックすることで、DFFの手が届かない安全な場所から切り返し、シュートを放つことができます。24秒クロックになる前の打ち手にもなるので、ぜひ挑戦してみてください。

1 アタックを仕掛ける

2 急停止からビハインドドリブルを突く

3 左手にボールが振れる瞬間にステップバックをする（1歩目）

4 ステップバックの2歩目

5 素早くシュート体勢に入る

6 安全なところからシュートを放つ

11

ステップバック

実戦的なステップバックからのジャンプシュート

動画はこちらから

POINT DFFに近いほうの脚で後ろに蹴って下がる

前に攻める圧を出しながら、DFFに近いほうの脚で急停止します。その後、しっかりと床を蹴って斜め後ろに下がります

DFFに
近いほうの
脚で止まり、
後ろにステップ

斜め後ろに下がってシュートを放つ

実戦的なステップバックからのジャンプシュート（ステップバック・ジャンパー）テクニックです。

DFFとしてはリングに強くアタックされることを嫌がるので、しっかりとディフェンスでついてきます。そこで攻めるふりをして後ろに下がるステップバックをすれば簡単にシュートを放つことができます。

この技術をマスターすると押すことも引くこともできるので、優位に1on1を進められます。

CHECK

強いアタックでDFFの重心をずらす

強いアタックで相手に圧力を見せることでDFFは後ろ重心になり、前にチェックができなくなります。その状態を作りながらDFFに近いほうの脚で床を蹴って斜め後ろに下がり、シュートを放ちます。

強いアタックで圧力を見せる

DFFに近いほうの脚で急停止

床を踏み蹴って斜め後ろに下がる（ステップバック）

DFFがチェックに来れないところからシュートを放つ

Nakagawa's Advice

最初のアタックと斜め後ろへの動きで隙間を作る

最初のアタックが効いているとDFFはチェックに来れなくなります。さらに斜め後ろに下がることで、DFFはなす術がありません。このように動くことでDFFのとの隙間（セパレーション）を広げることができます。

さらにDFFと距離を取る ステップバック

動画はこちらから

POINT ゼロステップを入れて下がる

ボールをヨーヨーのように引き込んでいるときに手前の脚でキックをし、さらに1歩、2歩と下がります

自ら下がって安全なエリアからシュートを放つ

64ページのステップバックよりもさらにDFFとの距離を取ってシュートを決めていく、ステップバックのバリエーションを紹介します。

まずはインライン側を攻める姿勢を見せておいてからレッグスルーを入れることで、相手に「こっちに来るんだな」と思わせます。そこからゼロステップ、1歩、2歩と斜め後ろに下がり、DFFと大きく距離を取った安全圏からシュートを放っていきます。

CHECK ゼロステップを入れてDFFとの距離を広げる

ゼロステップが使えると大きく下がれることになります。それだけ下がるとDFFはチェックができないため、かなり守りづらい状況を作ってジャンプシュートを放つことができます。

1 インライン側を攻める姿勢を見せる

2 レッグスルーを入れる

3 ボールを引き込んだ瞬間がゼロステップになる

4 斜め後ろに1歩下がる

5 さらにもう1歩下がる

6 DFFと十分に距離を取ったところからシュートを放つ

COLUMN 2

選手たちはクリエイティブなプレーを求めている!?

選手たちが感じている「うまくなりたい！」という想いは、「クリエイティブなプレーがしたい！」という言葉とほぼ同意語だと思っています。

ですから選手たちをモチベートする時に心がけているのは、プレーのクリエイティブな部分をとにかく褒めることです。

1on1の華麗なムーブを決めたら、「おお、いいね！」

シュートを決めたら、「おしゃれ！」

合わせのプレーが決まったら、「ナイス！」

こういった声がけで選手たちの表情がパッと明るくなり、バスケットへのやる気もむちゃくちゃ上がります。

僕が誉めるときに注視していることは、「頑張り」と「クリエイティブさ」です。

この2つがあれば、できていなくてもOK！　果敢にトライしていたら誉めています。

それからいいプレーに対しては「グッド！」「ナイス！」「いいね！」という観点だけでなく、「キレイ！」「美しい！」「おしゃれ！」などの判断基準も加えるようにしています。

これは僕の場合ですから、コーチや指導者、そして選手間でも、皆さんの個性が出た「味のある言葉」を伝えられると、一人ひとりが持つクリエイティブさを引き出したり、選手のやる気が加速するなど、いろいろなことがよいほうに動いていくと思っています。

PART 3

「場所・状況に応じた1on1の仕掛け方」

01 ステップ

3つの選択肢を持って仕掛けるロードステップ

動画はこちらから

POINT 相手のすれすれを突いていく

膨らみ過ぎるとその分相手が対応する時間ができるため、できるだけ前に出している脚のすれすれを突きます

DFFの反応に応じて左右か上を攻める

このステップは「ロードステップ」といって、1on1での駆け引きに使える動きになります。

このページでは、こちらの動きに対応してきたDFFの左側を抜いていますが、対応が鈍ければDFFの右側を抜いたり、DFFが前に出てこなければそのままジャンプシュートを狙えます。つまり左右と上という3つの選択肢を持って、DFFの動きや対応に応じて攻めることができるのです。

CHECK 脚の引きと上半身の外旋を同時に使う

相手の懐に潜り込む際、上半身を少し外旋させると同時に、片方の脚を引きます。そうすることで素早く相手のすれすれを突けます。

1 BBEを使ってDFFに圧をかける

2 相手が過剰に反応してきた場合

3 上半身を左側に外旋させながら右脚を引く

4 反応が遅れたDFFの左側を抜いてシュートに持ち込む

Nakagawa's Advice

DFFの腰が浮いている瞬間に入り込む

DFFがこちらの動きに合わせてアクションをする際、腰が浮く瞬間があります。その瞬間を狙い、スッと入り込むことがとても大切です。

フリーフットを使った駆け引きのジャブステップ

動画はこちらから

POINT フリーフットを左右に動かす

フリーフットを動かしたときのDFFの反応を見て、左右どちらかを攻める

常に考えてプレーする癖をつけることが大切

DFFの反応に応じて左右を攻める

ジャブステップというステップワークがあります。軸脚と反対のフリーフット、つまり浮いている脚を動かして、DFFに攻め気を見せます。この動きと組み合わせて右側から攻めるのか、左側から攻めるのかという2つの選択肢を作っていきます。こちらが脚を動かすことでDFFを揺さぶり、出し抜きます。

シンプルな動きですが上手に駆け引きをすることで、一瞬で相手を抜くことができます。

CHECK

ジャブしたときにDFFがポジションを変えないほうを攻める

フリーフットを動かした(ジャブ)ときに、DFFがポジションを変えなければそのまま突いていきます。もしもコースに入ってきたら「難しい」と判断し、他の攻め方を選択します。

DFFの左側から攻める

DFFと対峙する

左側に脚を出したときにポジションを変えなければ

そのまま左側を突いていく

DFFの右側から攻める

DFFと対峙する

右側に脚を出したときにポジションを変えなければ

そのまま右側を突いていく

ドロップステップを使ったポストプレーでの駆け引き

動画はこちらから

POINT DFFの位置にアンテナを立てる

ボールをもらった瞬間にDFFが左右のどちらに付いているのかを確認します

付いているほうの逆を攻めることが基本

DFFがどちらにいるのかを判断して攻める

ゴール下のポストプレーの駆け引きを紹介します。

まず考えたいことは、DFFが左右のどちらに付いているかを判断することです。例えばボールをもらった瞬間にDFFが左側にいたら右脚を入れて（ドロップ）ターンをし、シュートに持っていきます。ベースライン側にいたらミドルライン側に脚を入れてシュートを狙います。このときに強い気持ちを持ち、しっかりと身体を寄せて攻めることが大切です。

DFFがいないほうを狙う

CHECK

周辺視野でディフェンスの位置を確認し、いないほうに脚を入れてターンをし、シュートを狙います。DFFが食らいついてくる場合は押し込んでみて左右のどちらかに寄せてから逆を突きます。

1 パスをもらったときにDFFの位置を確認する

2 ミドルライン側にいると判断したら左脚を引く

3 脚を引いた状態からターンをする

4 シュートを狙う

Nakagawa's Advice

左右に抜けない場合は真ん中へ

幅があるDFFなど、左右どちらにターンをしても止められそうなケースでは、まずは押し込んでみましょう。DFFが左右に寄らないようであれば、真ん中からフックシュートを狙います。

04

駆け引き

上半身で相手を混乱させる ボディシェイク

動画はこちらから

POINT 上半身を素早く揺らす

両脚ストップをした状態から上半身だけを素早く左右に揺するように動かします

上半身をリラックスさせ素早く1往復半ほど揺らす

左右どちらにでも行ける体勢からボディシェイク

ポストアップで使えるボディシェイクです。

プレーの流れとしては、ボールをもらってドリブルで押し込んでから両脚ストップをします。そして脚を動かさずに上半身を素早く左右に1往復半ほど揺らし（ボディシェイク）、ＤＦＦがいるほうと反対側にターンをしてシュートを狙います。

ＮＢＡのコービー・ブライアントやマイケル・ジョーダンがやっていた、相手を出し抜くポストアッププレーです。

CHECK DFFが動きを予測できない状態からフェイクを仕掛ける

両脚ストップをしてDFFに背を向けた状態だと、相手はこちらの動きを予測しづらくなります。このとき体重の配分は5：5で、どちら側にもターンできる姿勢で右ページのように上半身を動かします。

1 パスを受けてドリブルから両脚ストップ

2 右ページの動きで上半身を揺らし相手を混乱させる

3 DFFが反応したほうと逆にターンする

4 そのままシュートを狙う

Nakagawa's Advice

ターンはハーフターン

DFFの逆を突くターンですが、180度ターンをしてしまうと相手との距離が近くなってしまいます。ハーフターンくらいにすると、相手がチェックをしにくくなります。

05　駆け引き

ハーフターンからフェードしてシュート

動画はこちらから

NG

無理にターンをすると攻めあぐねる

サイズが大きかったり、リーチがあるDFFにはシュートコースを防がれたり、打てないことがあります

触られない位置でボールを扱ってシュート

ローポストでDFFのブロックをかわしてシュートを打つ時の考え方を紹介します。

よくあるのが、DFFに対して身体をぶつけていき、最後にターンしてシュートを狙う動きです（上の写真）。その場合半分だけターンをすることでシュートチャンスが作れます。

ハーフターンをすると相手から遠いところでボールを扱え、そこからフェードする形でシュートを狙えます。

強気で突破を狙う動きからフェード

DFFの虚をつくために、まずは強気でアタックを仕掛けていきます。相手がこちらの突破に耐える動きをしたら、ハーフターンをしてフェードからシュートを放ちます。

アタックを仕掛ける

DFFが耐える動きをしたら半分だけターン

すぐにフェードする

ジャンプしてシュートを放つ

Nakagawa's Advice

ブロックに対抗できる攻め手

この動きは、ブロックが強力で、これまで太刀打ちできなかったDFFに対しても有効です。質の高いDFFに対しても打てるように練習してみてください。

06 考え方

DFFとの位置関係にずれを作る

動画はこちらから

NG

ワンパターンの仕掛けは守られやすい

ボールをもらってDFFにくっついて押し込むだけの動きでは、なかなか突破できません

位置関係のずれを利用して仕掛けていく

ゴール下で止められてしまうときのアイディアです。DFFの守りに対して、ただ押し込んでいくようなワンパターンのアタックでは、確実に止められてしまいます。そこで相手との位置関係をずらすのです。例えばボールをもらってピボットやロールターンをしたらDFFも動くため、位置関係がずれます。そのずれを利用して仕掛ければ、シュートまでいける確率が高くなります。

CHECK

相手との軸をずらす

DFFと接触する面を微妙にずらしながら仕掛けていくと、相手はすべての力を受け止めることができません。そこからさらにロールターンやピボットを入れることでシュートに持っていけます。

ボールを受けたら接触する面を微妙にずらす

そこからロールターンを仕掛ける

位置関係のずれを利用してDFFをかわす

そのままシュートを放つ

Nakagawa's Advice

フットワークで プレッシャーを回避

バスケットは相手とぶつかって真っ向勝負するレスリングのような競技ではありません。フットワークを使ってかわしていくことで、プレッシャーを回避してシュートに持っていきやすくなります。

07

考え方

身長が大きい選手には一度下がってスピード勝負

動画はこちらから

POINT いったんドリブルで下がる

いったん下がるといろいろな状況判断がしやすくなります

スピードに自信があればいったん下がるのも手

自分よりも身長のあるDFFにつかれると、シュートコースをつぶされることが多くなります。その時に使える考え方ですが、まずは一度ドリブルで下がって距離を取り、そこから勢いをつけてアタックを仕掛けます。小柄なガードなどの選手はスピードがあるため、身長差に対してスピードで対抗するのです。

下がったときにチェックに来たらカウンターで攻め、こちらが出てこない場合、シュート圏内であればシュートを狙っていきましょう。

CHECK スピードのミスマッチを糸口にする

身長差に対してスピードの差で勝負をします。一度下がり、カウンターを仕掛けていきます。スピードを活かすことで、身長差があっても優位に駆け引きを仕掛けていけます。

勢いをつけてアタック

1
瞬時にトップスピードでカウンターを仕掛ける

2
直前まで真っすぐに突っ込んでいく

3
直前で左右にかわす

4
そのままシュートに持ち込む

シュートを狙う

下がってもチェックに来ない

シュート圏内であれば思い切って打っていく

身長で勝れば押し込んでシュート

動画はこちらから

POINT 押し込んでパス

身長差で勝っていれば、何も考えずにDFFを押し込む

身長差を活かして相手を押し込む

試合中に自分よりもサイズが劣る選手とマッチアップしたときは、徹底してその身長差を突いていきます。

例えばガードに対して身長のあるインサイドの選手がスクリーンに行きます。スクリーンがきれいにかかってスイッチが起こった場合、相手の選手との間に身長差が生まれています。この場合は何も考えずに、リングのほうまで押し込みましょう。

CHECK

ガードはスペースを作ることを意識する

身長に勝る選手が押し込んでいるとき、ガードが意識することは、パスをする場所とインサイドの距離感を作ることです。そうして身長のあるDFFがヘルプに戻れないようにしてチャンスを広げます。

1 身長差に勝る選手はDFFを押し込む

2 押し込んだ状態でパスを受ける

3 そのままシュートへ持ち込む

4 身長差を活かしてスコアができる

Nakagawa's Advice

速攻時によく起きるシチュエーション

速い展開で攻めるときに、相手のガードがセーフティ（1人でディフェンスをしている）をしていることがあります。そのシチュエーションこそ、このプレーが活きてきます。

09

考え方

相手のファウル数を把握し強気に攻める

動画はこちらから

POINT 強気なプレーで押し込む

相手にコンタクトして強気に攻めます。相手は接触してファウルを吹かれることを恐れているため、優位に攻めることができます

相手の状況を把握してプレーに活かす

オフェンス全般にいえることは、「強気で攻める」ということです。

試合の流れのなかで、この強気なプレーによって相手が嫌がる場面の１つが、相手選手が３つや４つのファウルをもらっているときです。

その相手はこちらの攻撃を防ぎながら、さらに次のファウルを取られることも気にしています。それを逆手に取り、オフェンスはガリガリと削っていきましょう。

CHECK 相手の状況を把握する

このプレーはゴール下に限らず、外回りでも有効です。相手は身体をぶつけることを恐れているので、勢いよく当たって強気に空いているコースを割っていきます

ゴール下でのプレー

強気で相手を押し込んでいく

そのままシュートに持ち込む

外回りのプレー

勢いよくDFFに当たる

強気でコースを割っていく

そのままシュートに持ち込む

相手のファウル数を把握し、利用する

10

ホップしてずれを作り 1on1でボールを運ぶ

動画はこちらから

POINT ホップしながらボールを突く

レーンを変えるときは2ステップでホップします。
ボール運びで意図的に使いましょう

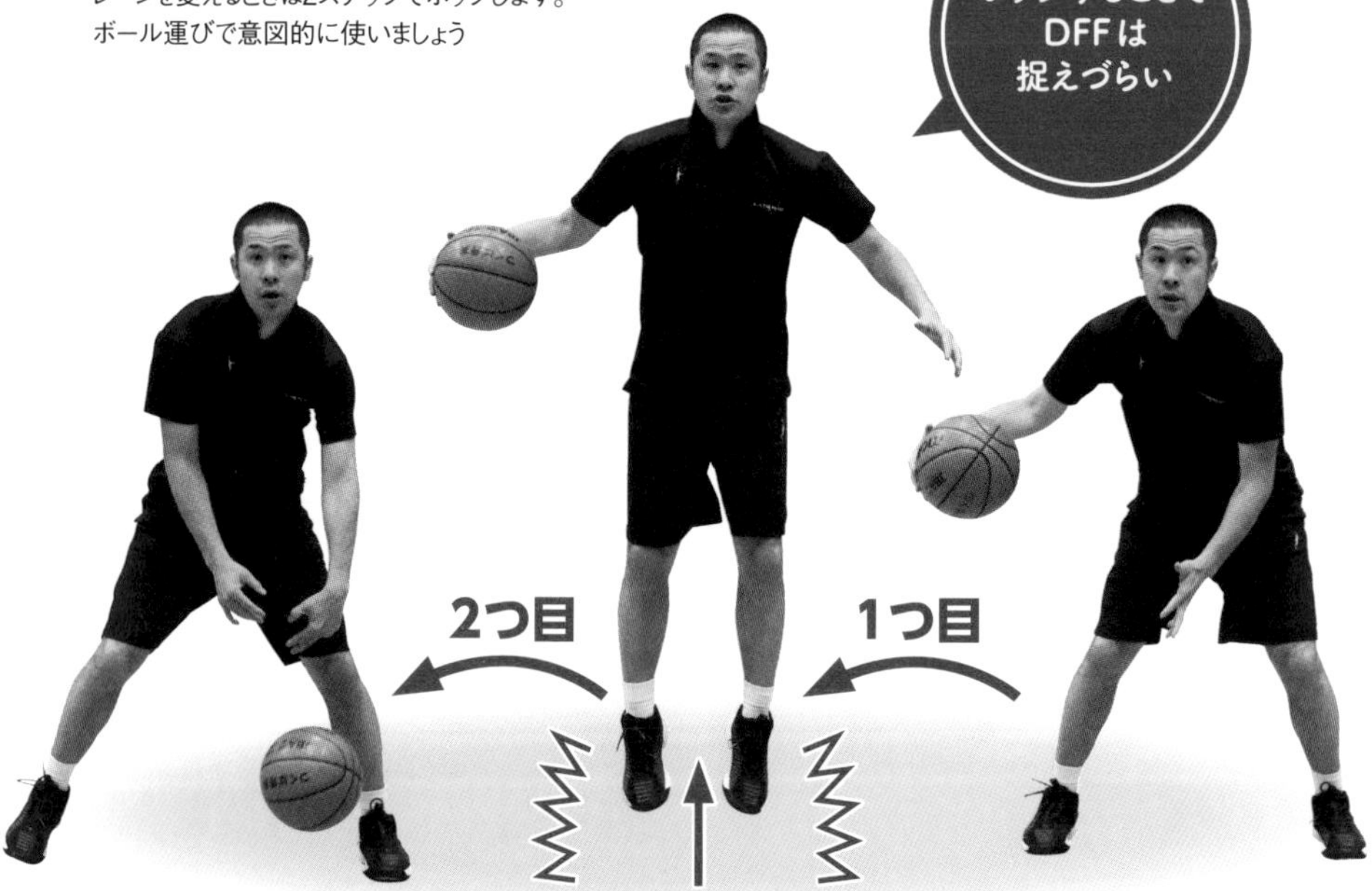
ホップすることで
DFFは
捉えづらい
2つ目
1つ目

レーンを変えることで進める道ができる

ボール運びをする場合に使うシンプルな考え方です。

目の前のDFFは、基本的にリングと自分を結ぶ線の真ん中にいます。このレーン上でドリブルをすると難しいため、レーンを変えることが必要になります。

バスケットでは、正対している人に真正面からぶつかるとオフェンスチャージングですが、身体が半分ずれていた場合はディフェンスのファウルになるため、ずらしてドリブルをします。

CHECK

レーンをずらしてからの動き

レーンをずらしたときに、コースにDFFが入っていなければそのまま進みます。コースに入ってきたら逆に切り返して進みます。

1 DFFが一直線上にいる状態

2 ホップしながら左右に動いてずれを作る

3 腕でDFFを抑え（アームバー）ボールを遠くで突く

4 ボールを遠くで突きながら進む

Nakagawa's Advice

難しく考えずに強気で進む

このプレーは、強気で仕掛けていけば難しく考える必要はありません。DFFが過剰にコースに入ってきたときは逆に切り返し、DFFと並走しながらボールを運びましょう。

パスとドリブルの2つの選択肢を持った攻め方

動画はこちらから

POINT プッシュパスと同じ動きでボールを突く

手首を返さずにボールを引き込みます。ボールを突くときはプッシュパスを出す動きと同じです

NG
ボールを
引き込む際
手首を返すと
ダブルドリブル
になるので注意

OK

ボールを引き込む動きで パスかドリブルかと迷わせる

パスと見せかけてドリブルでアタックしていくスキルです。

ドリブルとパスという2つの選択肢を持ちながらプレーすると、ＤＦＦはかなり守りにくくなります。このときにボールを持ってしまうとパスしかできないため、ボールを持たずに残します。

そのためにはボールをヨーヨーのように引き込むボールの突き方をします。これに目線の駆け引きを加えると、ＤＦＦがパスかドリブルか迷います。

CHECK 指示や目線の駆け引きを交える

ボールを引き込みながら味方に指示を出したり、目線を向けたりすることで、DFFにパスと思わせます。そして逆に切り返すことで相手を出し抜けます。

1
いつも通りドリブルを突く

2
プッシュパスと同じ動きでヨーヨーのようにボールを引き込む

3
逆にボールを突いて切り返す

4
瞬時に相手を出し抜くことができる

Nakagawa's Advice

ヨーヨーのようにボールを引き込む

ボールを引き込む練習をするときには、なるべく手に長くボールが触れているようにします。そしてプッシュパスを出したり、まったく同じモーションでドリブルに変えるなど反復して練習してください。

COLUMN

3

コンプレックスは力になる！

僕は子どもの頃、自分よりも体格がよくてスピードのある選手に、いつもコンプレックスを感じていました。双子の低体重児で生まれ、ずっとひ弱だったので、自分に自信が持てず悔しい思いもしました。

同時に、「どうやったら自分よりも体格やスピードで勝る選手に駆け引きで上回れるか」、「どうすれば1on1で出し抜き、点を取ることができるか」と真剣に考え続けました。

「制限は創造を生む」と言いますが、振り返ってみると、何かができなかったり、足りていない状態が、自分に考える機会を与えてくれたのです。

できないから、その先の思考が止まるのか。
できないから、違う思考や発想が出てくるのか。
この2つの考え方の違いは、その後のバスケット人生の大きな違いになります。

そう考えると、「悔しい」、「歯がゆい」、「妬ましい」などの感情も卑下する必要はありません。不安や不満があるのもよいことです。

「人は不安があるから前進できる」。
僕の体験からもそう断言できます。

一見ネガティブなことも、うまく向き合って成長の養分や原動力にして欲しいと思います。

PART 4

「対人感覚」

01 ステップ

止まることでDFFへの情報を遮断する

動画はこちらから

POINT バスケットで止まる動きはシュート前

シュートヘジテーションを見せることでDFFは腰が浮いたり、軸足に力が入らなくなります

シュートのフェイク（ヘジテーション）からのアタックが効果的
ピタッ

動き続けることで動きが読まれやすくなる

1on1のムーブで意識したいことに「止まる」ことがあります。1on1というと動き続けてしまいがちですが、「動く」「止まる」を組み合わせたほうがDFFは守りにくいのです。

実はこちらの動きはDFFに情報を与えてしまっているのです。それが止まることで相手に与える情報がなくなり、相手は不安になります。そこに隙ができ、相手を振り切るチャンスが生まれます。

CHECK 動き続けると予測されやすい

先ほどもふれましたが、動き続けるとDFFに情報を与えてしまうため、こちらの動きが捉えられやすくなります。止まって情報を遮断することは皆さんが思う以上に効果的です。

動いたら止まる

レッグスルーを入れたり

フロントチェンジを入れたり

動く・止まるを組み合わせる

Nakagawa's Advice

ダラダラ動き続けない

1on1で攻めあぐねている場合、常に動いていませんか？　普段の練習から「動いたら止まる」「止まったら動く」というムーブを繰り返して習慣づけることで、効果的にアタックができるようになります。

強気な姿勢でDFFを削り自分のエリアを確保する

動画はこちらから

POINT DFFのヒザ裏をホックしてアタック

22ページで紹介したプレーです。DFFが並進してきても削って最後は力強くシュートに行きましょう

メンタルが気圧されるとアタックが膨らんでしまう

1on1でペイントアタック（ペイントエリアにボールを進めること）を仕掛けていくときにありがちなプレーは、最後のアタックで接触を恐れ、ルートが膨らんでしまうことです。実はこのプレーには、プレイヤーのメンタル面が表れています。

オフェンスというのは「DFFを削って削って自分のエリアをいかに確保するか」という気持ちで仕掛けていくくらいで十分だと思っています。

積極的に削るプレー

CHECK

プレーには、自分の内面が表れるものです。積極的に削ったり、コンタクトしたりするプレーを使い、気持ちの面でも負けないテクニックを身につけましょう。

1 コンタクトロックしながらアタック

2 リングと反対側に押し込む

3 リング方向へ軌道を変える

4 リングと反対側に押し込んでシュートを放つ

Nakagawa's Advice

フィニッシュを欲張ろう！

気持ちを強く持ち、リングに対して一直線に仕掛けたり、アタックのコースを奪ってシュートを狙うなど、欲張るくらいの気持ちでフィニッシュにつなげてほしいと思います。

瞬時に加速する プレジャンプ

動画はこちらから

POINT プレジャンプで一気に加速する

両脚を揃えてジャンプをし、着地と同時に動き出すことで加速できます

両脚を揃えて小さく飛び着地と同時に加速する

1on1の初速を劇的に速めるステップワークです。

何をするのかというと、「プレジャンプ」という動きをします。脚に前後差をつけた、いわゆる「脚を割ったスタンス」ではなく、両脚均等に体重を乗せて着地をします。そこからスッと動いてアクションを起こします。

知っているのと知らないのとでは大きな違いがあり、プレジャンプからアタックを仕掛けると一気に加速できます。

CHECK 脚力があるDFFとも渡り合える

動き出しの初速がないと、脚力のあるDFFを抜くことはできません。このプレジャンプを入れることで瞬時に地面から大きな力をもらえるため、爆発的な加速ができるのです。

ドリブルを突きながら両脚を揃える

両脚で軽くジャンプする

着地と同時にスッと動く

そうすることで一気に加速できる

Nakagawa's Advice

初速でアドバンテージを作る

一気に加速できるプレジャンプ。DFFからすると一瞬両脚が揃うため、思考がフリーズしやすく、こちらが優位に動けます。

04 ステップ

シュートヘジテーションからカウンター

動画はこちらから

POINT シュートヘジテーションはBBEが重要

シュート体勢を取って相手を誘い出すためには、一瞬でBBEを作ります

ブロックにきたＤＦＦの前脚の横をつく

30ページで紹介したシュートヘジテーションの動きの発展版です。

一度後ろに下がるようにして、シュートの体勢に入ります。これはフェイクですが、そうするとＤＦＦは片脚を前に出してシュートを防ごうとします。その出てきた脚のリング側をついてアタックをします。この時もあまり膨らまずに、できるだけ相手のギリギリのところを割っていくようにします。

CHECK 膨らまずにギリギリをすり抜ける

アタックを仕掛けるときに、無意識に膨らんでしまうことが多いと感じます。膨らむほどDFFが回り込む時間を与えてしまうため、出ているほうの脚のすれすれをえぐるように割っていきます。

1
DFFにアタックを意識させる

2
一瞬でシュート体勢を作る

3
ブロックにきたDFFの左脚側をつく

4
すれすれを割ってシュートに持ち込む

Nakagawa's Advice

どちらの脚が出ているかにアンテナを張る

このプレーはとてもシンプルで、出ているほうの脚を突くだけです。このカウンタームーブはかなり守りづらいため、いろいろなムーブで応用していきましょう。

身体のアウトラインをピタッと止めて仕掛ける

動画はこちらから

POINT ベタ脚でレッグスルー

身体のアウトラインはそのままで、つま先をつけたベタ足でレッグスルーをすることでDFFを一度フリーズさせます

ボールが右手に収まるまで身体を動かさない

DFFに錯覚を起こさせてから瞬間的にアタック

私がDFFを出し抜いていくときに意識していたことの1つが、「ノーモーション」「ノーシェイク」です。身体のアウトラインを動かさずに、ノーモーションでいきなり相手をストンと出し抜いていきます。

まずはアウトラインをわざと大きく揺すっておいてから、ピタッとアウトラインを止めます。相手からすると「もう何もしてこない？」と一瞬錯覚が起きるので、その瞬間にアタックを仕掛けます。

相性がいいレッグスルー

CHECK

ベタ脚でピタッと止まるのですが、レッグスルーはこの動きにつながりやすくおすすめです。一瞬の間を作りレッグスルーをするイメージです。

アウトラインを止めてレッグスルー

動きをピタッと止める

素早く重心を移動してスッと動き出す

一気にDFFを出し抜いてアタック

Nakagawa's Advice

事前にDFFを揺さぶるとさらに効果的

ピタッと止まる前に左右に大きく動いたりして、自分のアウトラインを動かしておくと、止まったときとの差が大きくなり、より相手に錯覚を起こせます。

DFFの出した手の上にボールを通してアタック

動画はこちらから

POINT オフハンドでタップする

DFFの上にボールを通したら、オフハンドで相手の手をタップして、自分とDFFとのポジションを入れ替えます

オフハンドを活かすことでスイングからアタックに瞬時につなげられる

低いほうに向いているDFFの意識の逆を取る

DFFの手のプレッシャーが強いときの攻め方の1つです。

相手は手の動きを使ってこちらを止めようとしてきます。このときDFFの手が低い位置にあれば、手の上の空間が開いているため、ボールを上から通すようにスイングします。相手の意識は平面の低いところへ向いているため、上から通してタップしてシュートというプレーに簡単に持っていけます。

CHECK 手が高ければ下を通す

DFFはボールの位置に合わせて手を出してきます。高い位置に手を出してきたら、今度は地面すれすれの下を通せば、相手の虚を突いて出し抜くことができます。

DFFの手の下を通す

1 DFFが高目に手を出している状況

2 出した手の下側を通す

3 スイングからアタックにつなげる

DFFの手の上を通す

1 DFFが低目に手を出している状況

2 出した手の上側を通す

3 オフハンドでタップして仕掛ける

プレーをしながら作り出す トリプルスレット

動画はこちらから

ドリブルで見せるトリプルスレットの例

一般的なトリプルスレット

止まった姿勢でのトリプルスレットは大事な基本ですが、
この姿勢は動きながらでも作ることができます

プレーをしながらDFFの選択肢を増やす

トリプルスレットは「パス・ドリブル・シュートという3つの脅威」という意味で、バスケットボールの基本です。ただここで考えていただきたいことは、「止まってこの姿勢を取ることだけがトリプルスレットか？」ということです。

例えばドリブルをしているときでも、DFFに3つの脅威を与えることができます。「どんなプレーをしていても相手が守る選択肢を増やす」これが大切です。

CHECK

DFFの選択肢を増やす

つまるところトリプルスレットとは、DFFにたくさんの選択肢を見せることです。常に選択肢を増やすことを意識することで、DFFに予測されにくいプレーができます。

1 ドリブルアタックを意識させる

2 そこからパスを出すこともできる

3 パスと見せて逆に切り返すこともできる

4 左手を添えてシュートに行くこともできる

Nakagawa's Advice

自分の能力以上の脅威を与えられる

NBAのスティーブ・ナッシュはこの能力に長けていて、何をするかがまったく分かりませんでした。決してスピードのある選手ではなかったのですが、相手の裏をかく思考を磨くことで、トップレベルの活躍ができたのです。

DFFの考えごとを増やして優位に攻める

動画はこちらから

POINT DFFに様々な選択肢を与える

声や身体のアクションによってDFFを「今攻めてこない」と一瞬油断させ、そこからオフェンスに転化していきます

身体や目線、指示などでプレーの選択肢を多く見せる

ＤＦＦはボールを持ったプレイヤーに対して最大限に集中をします。よいディフェンダーほど抜いて点を取ることが困難になりますが、そのような状況で私が考えていたことは、「ディフェンスの考えごとをいかに増やすか」ということです。目線や身体の向き、言葉を使い、味方もそれに合わせてリアクションをすることで、ＤＦＦの考えごとを増やし、１ｏｎ１に注力させないようにします。

DFFが強度を上げる方向を操作する

CHECK

DFFはこちらの目線や身体が向いている面や、指示している方向に対してディフェンスの強度を上げてきます。強度を上げる方向をこちらの意図通りに操作できれば、有利な状況が作り出せます。

味方がスクリーンを狙って近づいてくる

逆側に切り返す

そのままアタックを仕掛ける

DFFが詰めてきたらコーナーの味方にパスを出す

Nakagawa's Advice

味方への声掛けを大事に！

指示をしたり、セットをコールしたりして、仲間とコミュニケーションをしているように見せることで、その方向の逆が突きやすくなります。できるだけ声を出しましょう。

腕を伸ばしてボールを前に出すことで加速する

動画はこちらから

POINT 2人のDFFの間にボールを出す

腕を大きく前に伸ばすことで、DFFの隙間の前にボールを位置することができます

DFFの隙間にボールを出して一気に出し抜く

DFFをドライブで割っていこうとしたときに、ヘルプのDFFにカットされてしまうことはよくあります。このような状況では、自分についているDFFは振り切れていたわけです。あとはヘルプが来る前に、ヘルプがボールを触れない位置までどのようにして移動できるかです。そこで使えるのがこのプレーで、スピードに乗った状態で、ヘルプが触れない位置までボールを動かします。

CHECK 腕を大きく前に出す

ヘルプのDFFよりも先にボールを位置させることで、ボールチェックができない状態にします。そしてそれまでのスピードを活かして一気に抜き去ります。

1

ヘルプが来ようとしている状況

2

DFFの隙間に腕を突き出すように伸ばす

3

その勢いのままシュートに持ち込む

Nakagawa's Advice

腕を伸ばすとスピードが加速される

ボールを前に出すことで自分の脚力以上の推進力を生み出せます。私の体感では、普段のドライブよりも1.3倍くらいのスピードが発揮されます。

10 下がって間合いを作り出してカウンター

動画はこちらから

POINT 脚を引いて跳ねるように下がる

足を引いて跳ねるように下がり、相手の出方に合わせて動きます

一度後ろに下がってDFFの様子を見る

多くのプレイヤーの悩みの1つは、DFFに詰められてプレッシャーをかけられ、思うようにプレーができないことです。このときの対処法の1つが、プレッシャーをかけられている空間から一度脱出すること。つまり後ろに下がることです。そのときのDFFの反応によってアタックの方向やタイミングを変え、一気に仕掛けていきます。

「後ろに下がる」という発想があるとプレーの幅が広がります。

下がりながら相手の出方に合わせて仕掛ける

CHECK

下がっているときに相手が不用意に出てきたら、カウンターで攻めることができます。詰めてこなければ、再び自分の間合いからアタックを仕掛けることができます。

1 DFFに詰められたら一度下がる

2 跳ねるように下がっていく

3 下がりながらDFFの様子をうかがう

4 DFFがそのまま詰めてくる

5 詰めてきた瞬間にカウンターを仕掛ける

6 不利な状況から攻めに転じることができる

考え方

もう1歩強気で押し込む フィジカルプレー

動画はこちらから

POINT ペイントエリアに近づけている

たとえコースを遮られても、ペイントエリアの近くにいるので、ここからできるプレーがあると考えます

フィジカルプレーで粘って活路を見い出す

ＤＦＦに脚力や予測力があって簡単にコースを割らせてくれない場合には、なかなかシュートに持ち込むことができません。

このような状況をよく考えると、ペイントエリアには近づけているわけです。それであればさらにＤＦＦを削るように仕掛けていくことで、シュートチャンスが生み出せます（ポストプレー）。そこでＤＦＦが下がるようであれば、強気でシュートに持ち込むこともできます。

DFFを押し込むことでシュートのチャンスも生まれる

CHECK

このような状況で、DFFにコンタクトをして押し込んでみましょう。もう一歩体を寄せることで自分のエリアを奪うことができ、そのままシュートに持っていくこともできます。

1 DFFがコースをふさいでくる

2 強気に押していくとDFFが下がることがある

3 そのまま身体を寄せて押し込んでいく

4 強気なプレーをすることでシュートチャンスが生まれる

Nakagawa's Advice

クルッと返して ポストアップを仕掛ける

上のプレーは私がよく使っていたもので、コースに入られたらクルッと返して仕掛けることで、こちらにDFFが防げないコースが生まれ、シュートに持ち込めました。こういった粘りのフィジカルプレーにもトライしてみてください。

12 フィジカル

可動域を広げて筋温を上げるボールストレッチ

動画はこちらから

腸腰筋を伸ばす

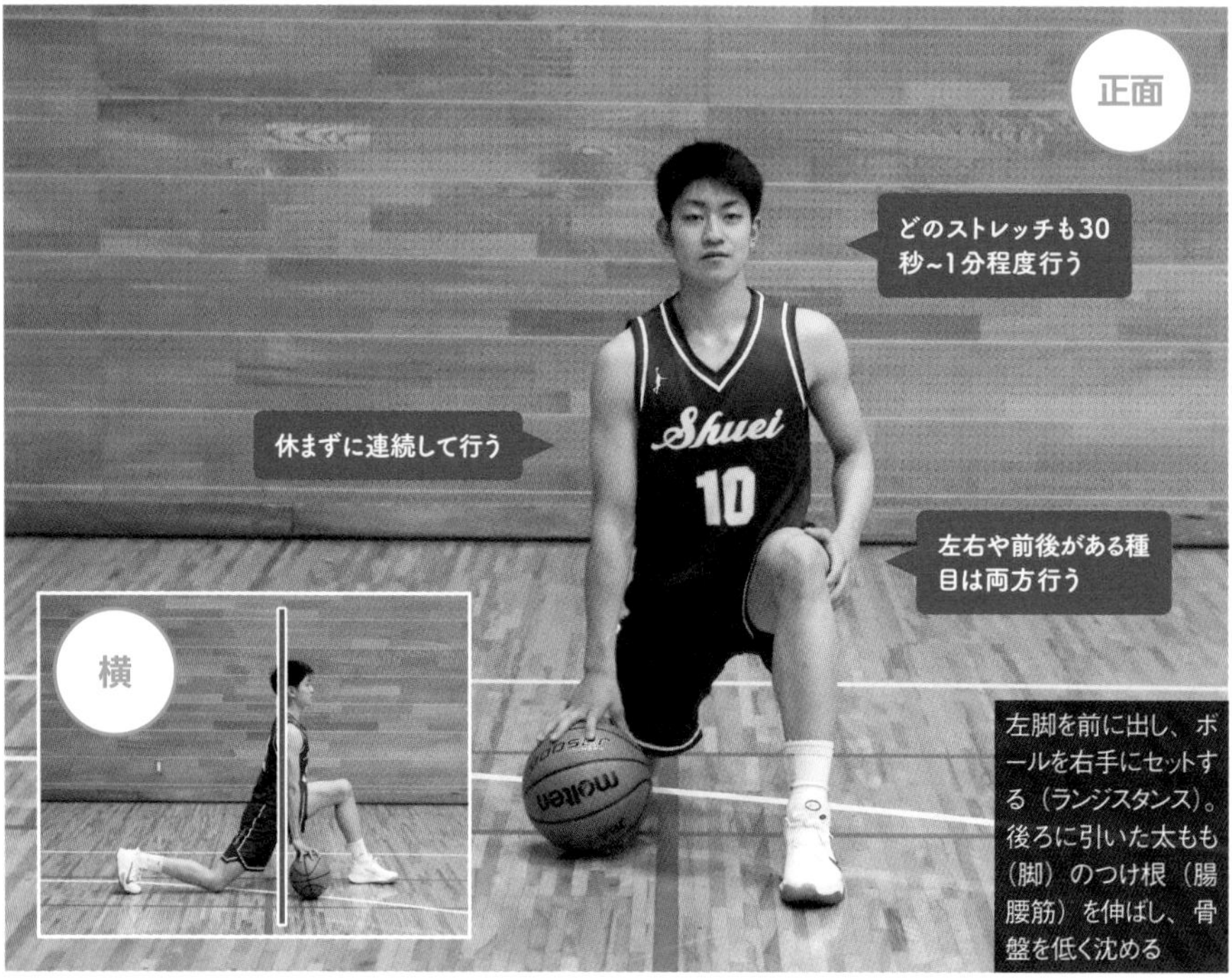
正面
どのストレッチも30秒~1分程度行う
休まずに連続して行う
左右や前後がある種目は両方行う
横

左脚を前に出し、ボールを右手にセットする（ランジスタンス）。後ろに引いた太もも（脚）のつけ根（腸腰筋）を伸ばし、骨盤を低く沈める

ボールを使うことで刺激が増える

準備運動の考え方ですが、「ケガをしない」ことと「パフォーマンスをアップする」ことが目的です。ここではお薦めの「パフォーマンスを上げるための準備運動」を紹介します。

　私がいつもやっていたのは、ボールを使ったストレッチです。ボールを使うことで、自重だけで行うよりも多くの刺激を入れることができ、短時間で様々な部位の筋温を上げたり、可動域を広げることができます。

バランスと足首強化

右手と右足を上げてレイアップスタンスを取る。捻挫予防のために足首を強化する

上げている脚を抱えて捻り、臀部（お尻の筋肉）を伸ばす

肩の可動域を広げる

バランスを取りながら左手を上げていく

肩を上げて胸を開き、肩の可動域を広げながら胸の筋肉（大胸筋）も伸ばす

内転筋を伸ばす

上の動きから続ける。横に脚を出していく

ランジスタンスを取って内転筋群を伸ばす。クロスオーバー時の幅になるので、しっかりと幅を取る

太ももの裏やアキレス腱を伸ばす

ボールを身体の真横に置き、前後の脚に同じくらい体重を乗せる

前脚の太ももの後ろ側や、後ろ脚のふくらはぎやアキレス腱を伸ばす

13 フィジカル

爆発力を引き出す柔軟性を鍛えるボールストレッチ

動画はこちらから

ボールを頭上でキープ

ボールを右手の一番高いところへ上げていく

指先やツメ先でボールを支えて一番高いところでキープする

臀部やハムストリングの筋力と柔軟性を強化

ドライブなどで爆発的な動きをするときには、臀部やハムストリング（裏もも）を伸ばします。筋肉の柔軟性を使い、「弓を弾いて矢を射る」ようなイメージです。そのために必要となるのは、臀部やハムストリングに力を溜めることであり、柔軟性を強化することです。

「どの部位に効いているのか」を感じ、「呼吸を止めない」ことを意識しながらトライしてみてください。

右脚のつま先とかかとタッチ

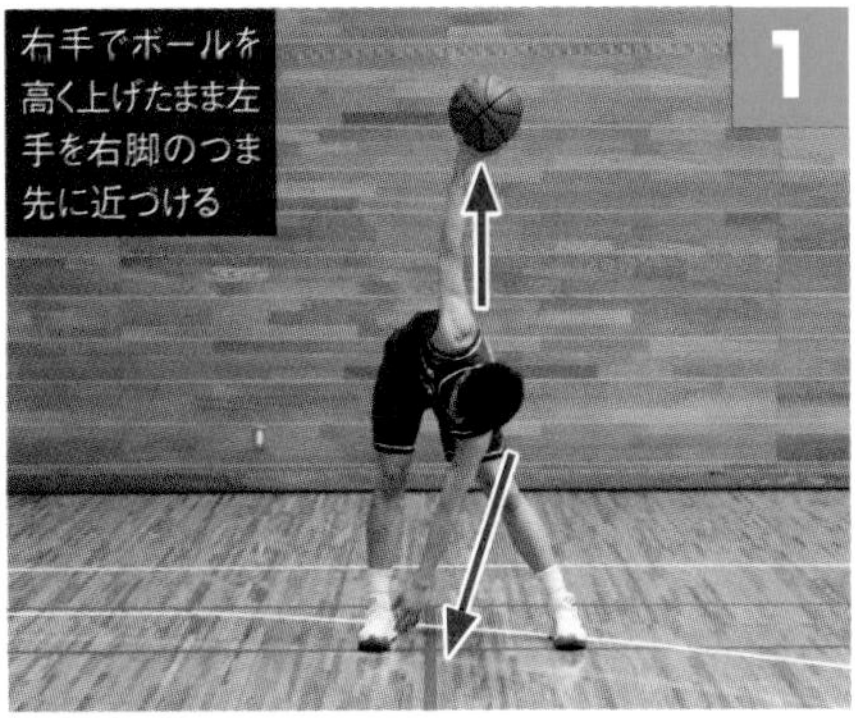
1 右手でボールを高く上げたまま左手を右脚のつま先に近づける

2 ヒザを曲げずに右脚のつま先をタッチして30秒ほどキープする

3 右脚のカカトをタッチして30秒ほどキープする

左脚のつま先とかかとタッチ

1 右手でボールを高く上げたまま左手を左脚のつま先に近づける

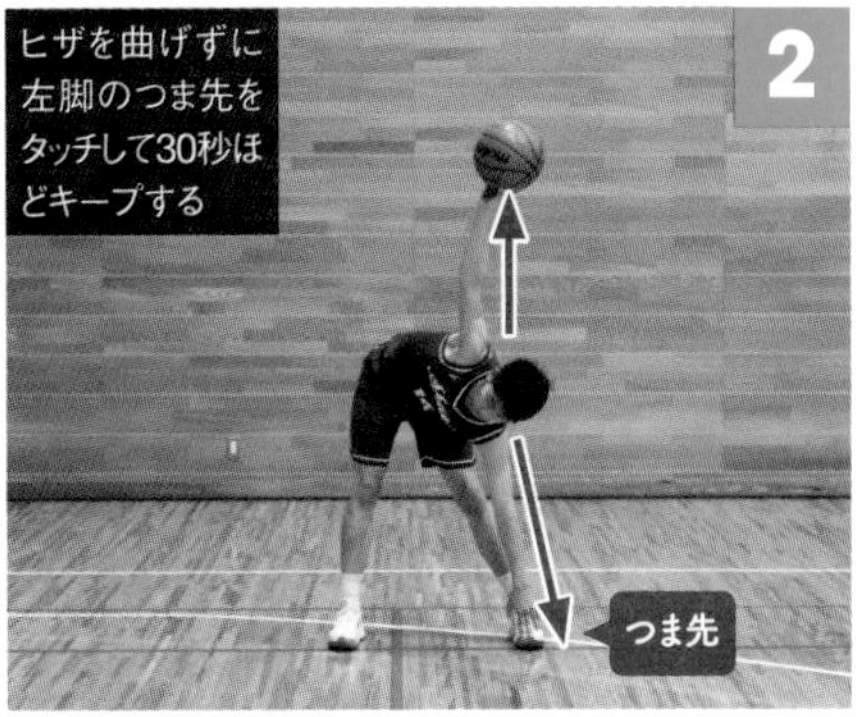

2 ヒザを曲げずに左脚のつま先をタッチして30秒ほどキープする

3 左脚のカカトをタッチして30秒ほどキープする

Nakagawa's Advice

すべての動きの連動性につながる

このストレッチは、ドライブをはじめ、バスケットのすべての動きの連動性につながります。肩や臀部、ハムストリングの柔軟にもなります。

ボールを8の字に回す

1 ヒザを伸ばした状態でボールを触る

2 ボールを8の字を描くように回していく

3 ボールがどの位置に来てもできるだけヒザを曲げない

4 呼吸を止めないように注意

5 太ももの後ろ側が伸びていることを意識する

6 この動きを何周か続ける

PART 5

「ボールのもらい方」

01 ミート

動画はこちらから

DFFが届かない空間にターゲットハンドを出す

POINT パスをもらいたい空間に手を伸ばす

DFFを身体で押さえながらターゲットハンドを伸ばし、パスに飛びつきます

カットされない
位置に
ターゲットハンド
を出す

身体でDFFを押し込んでパスを受ける体勢を作る

DFFのプレッシャーが厳しくてパスが受けられない状況で使いたい動きです。

重要なポイントは、動きを止めて、相手を身体で押さえておくことです。そうしないと、どれだけ動いてもDFFがついてきてしまいます。まずは落ち着いてDFFの動きを止めることを大事にしましょう。

そこからターゲットハンドを伸ばしてパスに飛びつき、アタックを仕掛けていきます。

CHECK カットされないところへのパスに飛びつく

せっかくDFFを身体で押さえていても、パスが来る場所によってはカットされる危険があります。できるだけDFFから離れたところにパスを要求し、飛びつくようにキャッチします。

DFFを身体で押さえる

DFFの届かない空間にターゲットハンドを出す

パスに飛びつく

パスをキャッチしたらドライブに転じる

Nakagawa's Advice

ハードなディフェンスにはロールして対応

こちらがDFFを押さえてもハードに対応してくる場合には、相手の前に脚を入れてロールし、相手を背中に位置させ、ボールを受ける方法もあります。

動画はこちらから

素早く動いてもらうミート

Vカット

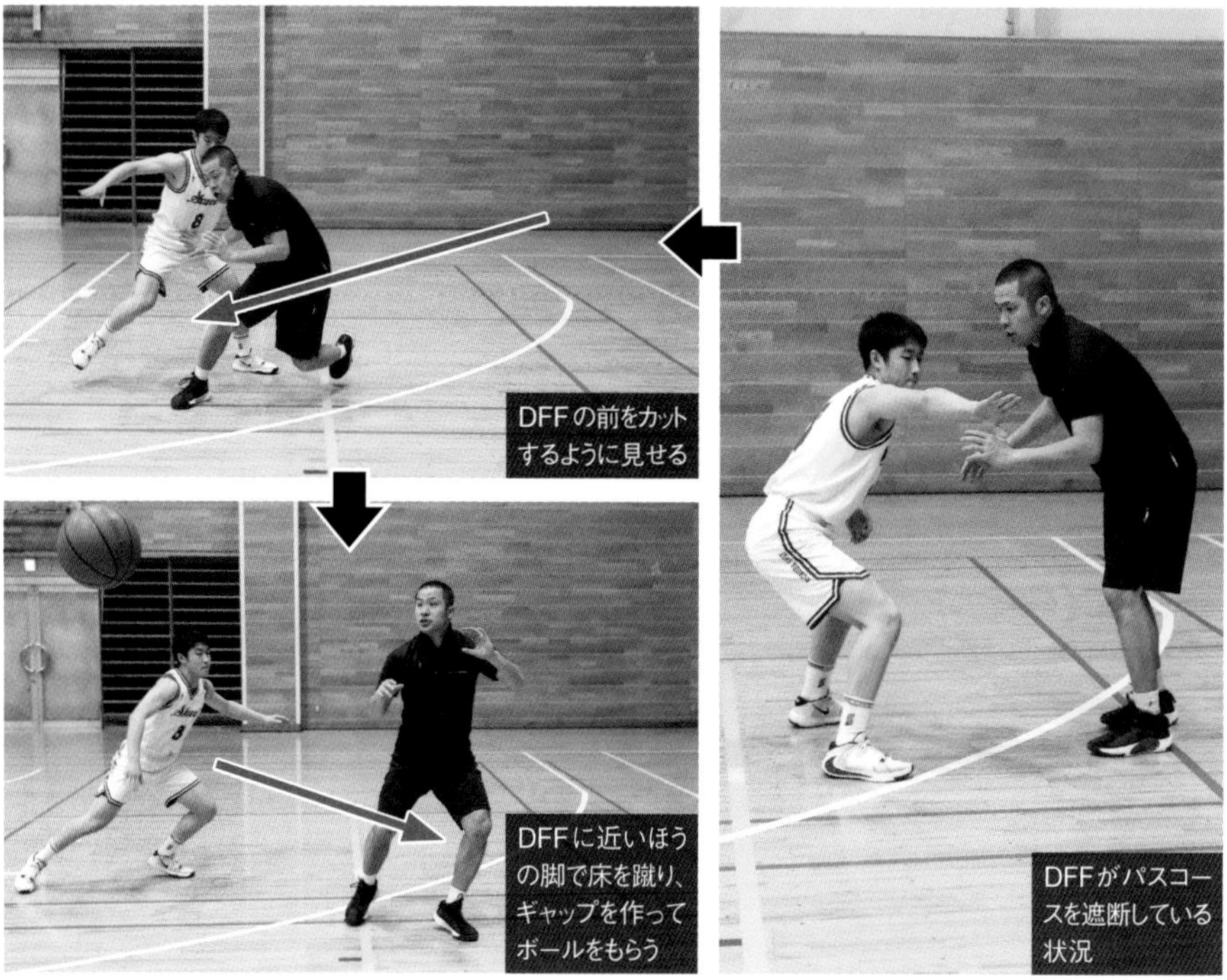

DFFの前をカットするように見せる

DFFに近いほうの脚で床を蹴り、ギャップを作ってボールをもらう

DFFがパスコースを遮断している状況

DFFを振り切ってボールを受ける6種類のフットワーク

相手のディナイを振り切ってボールを受けるミートのテクニックを紹介します。DFFがパスコースを遮断してきたときに、フットワークで振り切ってボールをもらう動きです。ここでは「Vカット」、「Cカット」、「Lカット」という3つを紹介します。また126ページでは、「Iカット」、「エネルギーフェイク」、「ポストアップからのミート」という3つの動きを紹介します。

Cカット

1 DFFがこちらにプレッシャーをかけている状態

2 裏のスペースに回り込む

3 そのままDFFの前を取る

4 DFFを振り切ってボールを受ける

Lカット

1 DFFを押し込みながら縦に走る

2 DFF側の脚に力を溜めて床を蹴る

3 90度方向転換してDFFの虚を突く

4 DFFを振り切ってボールを受ける

Iカット

1 DFFがこちらにプレッシャーをかけている状態

2 リング方向にDFFを押し込む

3 さらに押し込んでいく

4 DFF側の脚を踏み込む

5 踏み込んだ脚で床を踏み蹴って逆方向に切り返す

6 DFFを振り切ってボールを受ける

Nakagawa's Advice

脚と空間を使って ボールを受ける

DFFのディナイを振り切ってボールをミートするためには、とにかくフットワークや空間をうまく使います。いくつかのフットワークを練習していれば、試合でタイミングよくボールを受けて、積極的に攻めることができます。

動画はこちらから

ポストアップからのミート

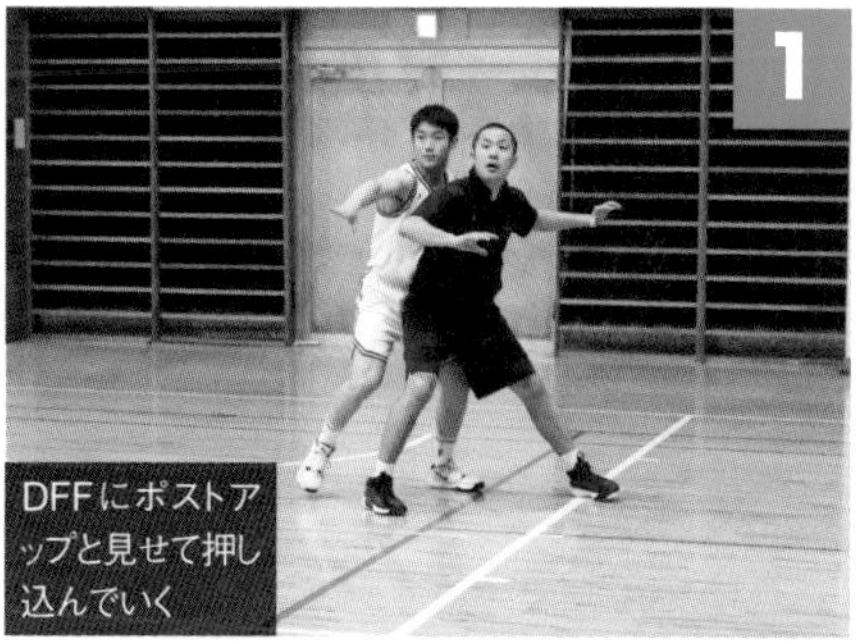

DFFにポストアップと見せて押し込んでいく

DFF側の脚に踏み込んで力を溜める

逆方向へ動き出す

DFFを振り切ってボールを受ける

エネルギーフェイク

DFFに対して動作が読めない状態（無）を作る

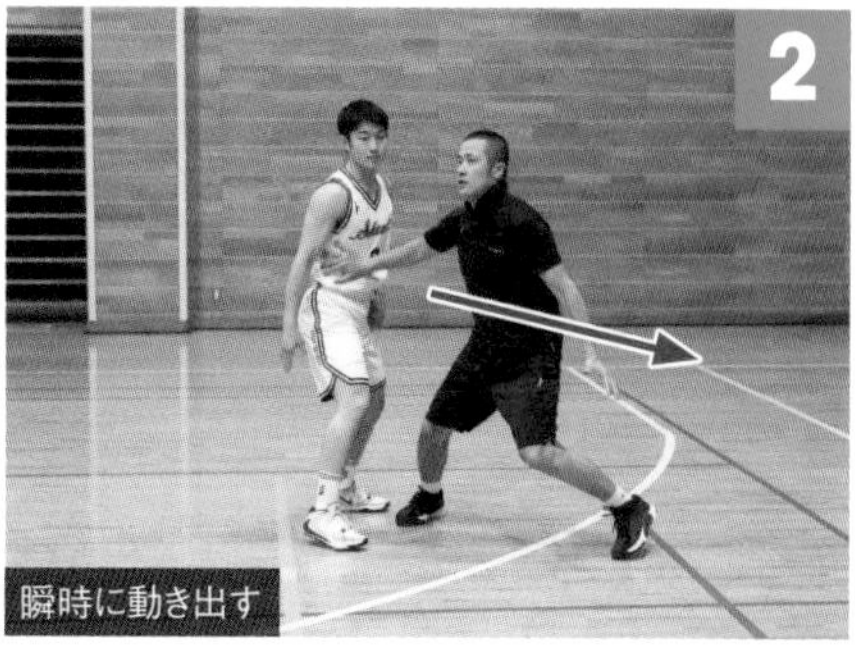

瞬時に動き出す

一気に床を踏み蹴ってDFFと逆方向に走る

DFFを振り切ってボールを受ける

03

ミート

瞬時にレーンを大きくずらしてミート

動画はこちらから

POINT 横に大きくずれてミート

ボールをもらう瞬間に横にジャンプをしていくくらい、大きくずれていきます

ミートの勢いを活かしてDFFを抜き去ってレイアップ

ボールをミートする瞬間は、そのまま攻めに転じていけるかいけないかの大事な時間です。ここで駆け引きを入れることで、攻めに転じられる可能性が高くなります。

具体的にはボールをもらう瞬間に横に大きくずれ、ミートの勢いを使ってDFFとリングを結んだレーンを変えていきます。そして相手の反応によってそのまま抜き去るか、逆に切り返してシュートに持ち込みます。

CHECK そのままレイアップに持ち込む

DFFの反応によって進む方向は変わりますが、ミートの勢いを使って相手を抜き去り、そのままレイアップを狙っていきます。

逆に切り返してシュート

1 DFFが反応してきたら逆に切り返す

2 ミートした勢いを活かして抜き去る

3 レイアップに持ち込む

そのまま抜き去ってシュート

1 DFFの反応が薄ければそのまま抜きにかかる

2 ミートした勢いを活かして抜き去る

3 レイアップに持ち込む

04 ミート

DFFの強気な守りを逆手に取ってロールターン

動画はこちらから

POINT ヒジや肩をホックしてさらにギャップを作る

身体をクルッと返すときにDFFにヒジや肩をホックすることで位置関係にさらにギャップができる

POINT DFFに対して外側の脚を引く

DFFに密着して動きを見えづらくし、気づかれないように外側の脚を引く

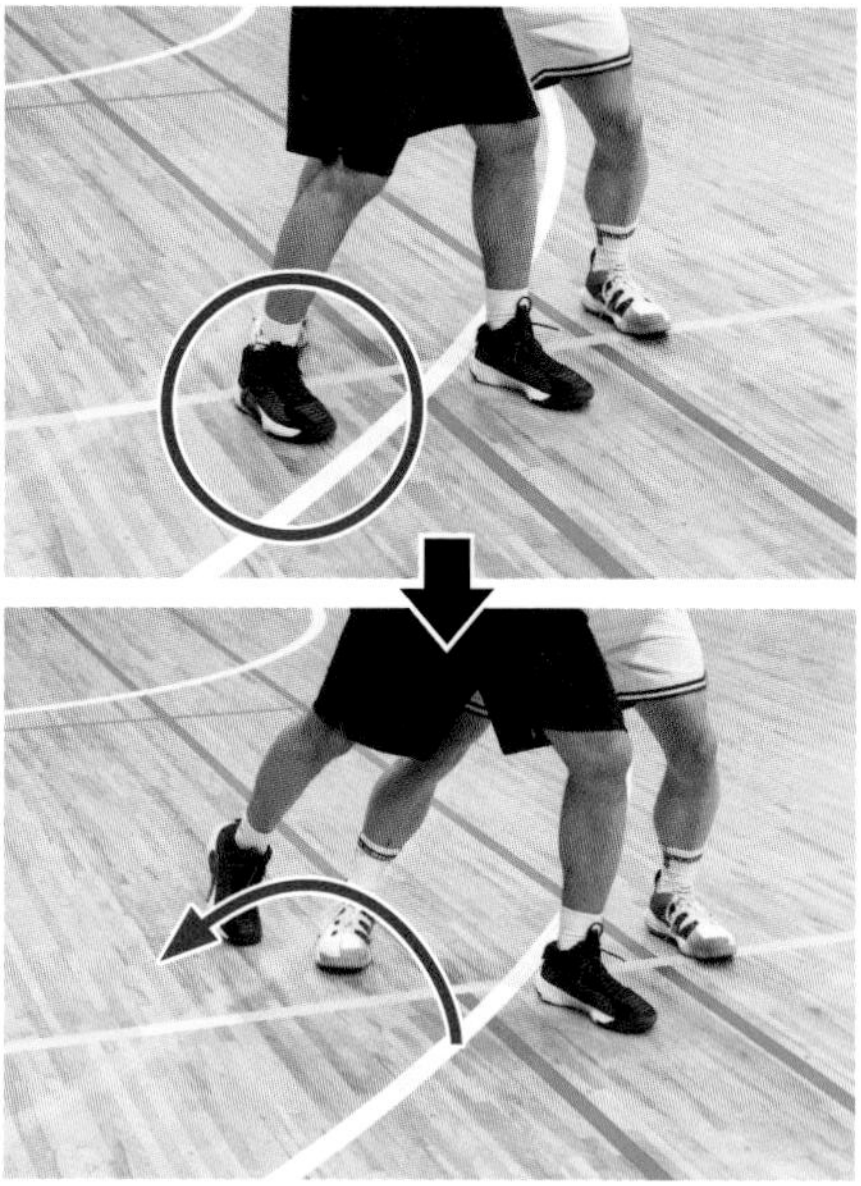

困ったふりをする裏で出し抜くための罠を張る

DFFはパスコースを遮断しようと考えていて、こちらがターゲットハンドを出してボールを欲しがると、それをつぶすように守ってきます。こちらがボールを欲しがるほど、さらにハードにつぶそうとしてきます。そこでさらに目線や体の向きで困っているように見せておき、ここで紹介する動きを使います。そして身体をクルッと返せばノーマークでオープンのシュートに持っていけます。

CHECK DFFと身体を密着させる

DFFにばれないように仕掛けるためには、密着しておくことが重要です。密着しておけばこちらの細かい動きがDFFから見えにくくなります。

ボールを欲しがりながら困っている感じを出す

密着した状態で外側の脚を引く

ヒジや肩をホックしてクルッと身体を返す

ノーマークの状態からシュートに持ち込む

Nakagawa's Advice

ピンチはチャンスと思って罠を張る

相手が張ってきたり、抗ってきたりする場合は、裏を突くチャンスです。ピンチのときほど裏を突いたりフェイクを仕掛けるチャンスと考えましょう。パサーとのコミュニケーションも大切です。

05

バックカット

DFFの強気な守りに対して後ろへ飛んで抜き去る

動画はこちらから

POINT DFFの力の方向に対して逆の手で微妙にホックする

DFFの肩を微妙にホックし、カッティングする瞬間にちょっとだけ押すようにして位置関係を広げます

教科書には載っていない実戦の中での駆け引きです

少しだけ後ろに下がることで DFFとのずれを作り出す

DFFが抗ってくるときに使えるテクニックをもう1つ紹介します。

DFFがハードにディナイをしてくるときに、相手の力をはがせる方向は前でも左右でもなく後ろです。少しだけ後ろに下がることで、DFFが力をかけている方向とずれができ、一瞬で出し抜くことができます。

後ろに下がるときにプレジャンプを入れることと、ここで紹介する、ちょっとダーティーな駆け引きを使うことがコツです。

CHECK プレジャンプを加速につなげる

後ろに下がるときに軽く飛ぶプレジャンプを入れることで、爆発的な加速が作れます。またエネルギーフェイク（127ページ）からプレジャンプで出し抜くこともできます。

DFFがハードにディナイをしている状態

少しだけ後ろにプレジャンプする

着地するとDFFとずれができる

プレジャンプによって爆発的に加速する

DFFの肩をちょっとだけ押してずれをさらに広げる

そのままシュートに持ち込む

COLUMN

4

嘘のない称賛

僕が高校時代に対戦したチームに、「素晴らしい！」を連呼するコーチ（先生）がいました。

速攻を決めたら「素晴らしい！」、
ファウルをもらったら「素晴らしい！」、
よいディフェンスをしたら「素晴らしい！」。

そのコーチはバスケットの未経験者でしたが、その方の真っ直ぐな言葉がかなり選手たちを活気づけていました。「大人が純真に子供を誉めることは凄い力になる」と感じたものです。そして不思議なことに、対戦している僕たちも、すごく楽しくプレーができました。

このコーチのように自分がいいと思ったことを正直に言葉に出すと、選手たちにも伝わります。ところがうわべだけの誉め言葉は、選手たちに見透かされます。

先ほどのコーチを思い返すと、未経験だったことと選手たちへの熱量とのバランスが絶妙だったのでしょう。

バスケットの指導に携わる人は、無理に笑顔を作ったり、自分のキャラクターを変える必要まではないと思います。
「ポジティブに正直に選手に関わっていくこと」、「嘘のない称賛」。これが一番大切だと思います。

巻末特集

10万人の悩みを解決した

Q&A

1on1で仕掛けても潰されてしまう

動画はこちらから

1on1で仕掛けていくのですが、なかなか抜くことができません。うまく抜けたとしても、ヘルプに潰されてしまいます。どのようなことを意識したらいいでしょうか？

1on1に集中しすぎている

目の前のDFFに集中してしまい、視野が狭くなっている。そうすると周りの状況が見えず、判断ができなくなる

抜いたあとのプレーが想定できていない

DFFにつぶされてしまう

A 視野を広く持ち、次のプレーを考えておく

1on1で潰されてしまう選手に多いのは、自分と目の前のDFFだけの世界に入りすぎて視野が狭くなっていることです。目の前のDFFを突破することも大事ですが、ヘルプが来ることを事前にシミュレートしておくことも重要です。

お手本のプレー1 ヘルプが来にくい状況

ヘルプが味方に対してハードについている場合、突破できればシュートまでの道が開けます。このような状況では、これまで紹介してきたテクニックや駆け引きを駆使し、目の前のDFFを抜くことに集中しましょう！

DFFが味方についているのであれば、抜き去ってシュートを狙うプレーを選択する

事前にどのようなプレーの選択肢があるかを考えておく。ヘッドアップして周辺の状況も確認する

お手本のプレー2 ヘルプが来やすい状況

奥のDFFがヘルプを意識してポジショニングしている場合は、突破してもヘルプに潰されるリスクが高くなります。その場合はヘルプを引きつけてパスをし、味方を活かすなどの選択肢も考えられます。

ヘルプの意識が強ければ味方にパスをして、オープンに走り込むという選択ができる

DFFが突破後のヘルプを意識しながら味方についている。この場合は突破しても潰されやすい

Q 引いて守る相手のディフェンスラインを突破できない

動画はこちらから

DFFが外からのシュートは捨てて、コースに入って立ちはだかった場合、いいようにシャットアウトされてしまいます。どうしたらこの状況から得点を狙えるでしょうか？

攻める
気持ちが
前に出すぎて
いる

DFFが引いて守っていて、どこから攻めたらよいのか突破口が見つからない

DFFの
想定内の
プレーを
してしまう

ボールを持ったら徹底してコースをシャットアウトしにくる

A DFFが想定していないプレーで仕掛ける

DFFはこちらが焦って「前に攻めないと」という気持ちを読み取り、「それなら下がったもん勝ち」と守ってくるため、相手のしたいことと、こちらがしてはいけないことがかみ合った状態です。DFFが想定していないプレーを狙いましょう。

お手本のプレー1　下がってシュートフェイクからカウンターを狙う

後ろに下がってセットでシュートフェイクを見せることで、シュートを恐れるDFFは詰めてきます。詰めて来た瞬間の腰が浮いているところを狙ってカウンターを仕掛けます。

味方がフリーになればパスも選択できる
詰めてきたDFFの腰が浮いた瞬間を狙ってカウンターを仕掛ける

一瞬でBBEを作る
相手が想定していないシュートを狙う

お手本のプレー2　思いっきり勢いをつけて突破を狙ってチャンスメイク

DFFが下がっていない場合は逆に相手との距離を利用し、思いきり勢いをつけて仕掛けましょう。そうすることで突破ができたり、ディフェンスラインが崩れたりと、何かしらの変化を起こせる可能性が高くなります。

目の前のDFFが動くことでオープンの味方ができる
振り切れるようならそのままシュートを狙い、味方がオープンになればパスも選択できる

頭突きをするくらいの勢いで突っ込む
フットレース（38ページ）を使い、勢いをつけて仕掛ける

動画はこちらから

Q ドリブルを止められてしまう

3Pラインあたりからドリブルで仕掛けるのですが、どうしても途中で止められてしまいます。いろいろなフェイクを使うのですが、それでも振り切れません。何がいけないのでしょうか？

勢いに乗って攻めているつもり

3Pラインあたりからドリブルで仕掛ける

潰される確率が高いと感じる

いくらスピードに乗っていても止められてしまう

A ずっと力むのではなく緩急をつける

1on1でありがちなのは、力みすぎてしまうことです。そこで意識してもらいたいのは、「すべての動きに力を入れなくていい」ということ。リラックスした状態から「瞬間的に速く」、「瞬間的に変化させる」ことで、相手を出し抜くチャンスが出てきます。

お手本のプレー1 「急」を見せる

リラックスした状態から瞬間的に1歩踏み出すだけでDFFも対応しようとするため、そこにギャップができます。緩急をつけることによって、チャンスが生まれます。

瞬間的に1歩踏み出す
BBEをしっかりと見せる

リラックスした状態でボールを突く
攻め気がないように見せることも重要

お手本のプレー2 ギャップを突いていく

「急」の動きによってDFFが動いてギャップが生まれたら、そこを突いていきます。一瞬で出力を上げたり、DFFの逆を突くことで、突破できる可能性が高くなります。

一気に加速してDFFを抜き去る

一気に「急」の動きを入れてギャップを作る
緩いドリブルを見せておく

Tips ☞ 94ページの「情報を遮断する動き」も効果的です

おわりに

「こうしたら誉められる」がモチベーションになるのならよいことだと思います。

ですが「こうしないと怒られる、だから頑張る」は違うと思います。

バスケットは、怒られないためにやるものではありません。

あなたが成長し、楽しむためにやるものです。

ぜひ一度きりのバスケット人生を最大限楽しめるよう、本書を最大限にご活用いただけたらと思います。

本書には、試合ですぐに使えて点が取れる1on1スキルを詰め込みました。

なかにはレベルの高いスキルもありますが、「自分にできるだろうか」、「うちの子にはまだまだ早い……」などと思わず、できれば

早くチャレンジしてください。

子どもたちは基本的に、やれば何でもできます。

「まだ早いだろう」ではなく、「早くからやることがいい」のです。

物事には、「今できていること」と「これからチャレンジすること」の2つしかありません。

つまり「できない（問題）」というものはなく、あるのは課題だけです。

ぜひ一つひとつの課題をクリアし、バスケットのさらに高みを目指してください。

本書がそのための一助となることを願っています。

考えるバスケットの会

中川直之

著者紹介

中川 直之（なかがわ・なおゆき）

考えるバスケットの会会長
考えるバスケット教室（Nao塾）代表

1982年生まれ、山口県下関市出身。小学校4年時よりバスケットボールを始める。山口県立豊浦高校卒業後、専修大学に進学。大学時代は主要4大タイトルを制覇する（新人戦、春季トーナメント、秋季リーグ戦、全日本大学選手権）。実業団時代を含め10度の日本一を達成するなかで培った「バスケットスキル」に「メンタルコーチング」を融合させた独自の指導スタイルを確立。超実戦的ノウハウを紹介する会員制オンラインコミュニティ「考えるバスケットの会」を立ち上げ、全国各地でのクリニックやYouTube配信を行っている。得意なプレーはゲームメイク（ポジション：PG）。司令塔ならではのきめ細かな指導に定評があり、日本全国に10万人の支持者を抱える。プロとして活躍した中川和之は双子の弟である。著書に『考えるバスケットボール！超自主練66』（エクシア出版）、『すぐに試合で使える！点が取れる！魔法のバスケレッスン』（宝島社）がある。

モデル

つくば秀英高等学校バスケットボール部

●カバーデザイン
三國創市（株式会社多聞堂）

●本文デザイン＋DTP
三國創市（株式会社多聞堂）

●編集
佐藤紀隆（株式会社Ski-est）
稲見紫織（株式会社Ski-est）

●写真
眞嶋和隆

ドリブルで抜き去る！　シュートを決める！
バスケットボール　魔法の1on1レッスン

2021年5月2日　初版第1刷発行

著　者　中川直之©
©Naoyuki Nakagawa 2021 Printed in Japan

発行人　畑中敦子

発行所　株式会社エクシア出版
〒101-0031　東京都千代田区東神田2-10-9-8F

印刷・製本　サンケイ総合印刷株式会社

ISBN 978-4-908804-72-4　C0075

エクシア出版ホームページ　https://exia-pub.co.jp/
Eメールアドレス　info@exia-pub.co.jp